MW01410386

EL VIEJO PUERTO

Ernesto Ottone

EL VIEJO PUERTO

Un ejercicio de memoria

Catalonia

Ottone, Ernesto
El viejo puerto / Ernesto Ottone
Santiago de Chile: Catalonia, 2021
192 pp. 15 x 23 cm
ISBN: 978-956-324-883-8

HISTORIA SOCIAL Y CULTURAL

NHTB

Diseño de portada: Guarulo & Aloms
Fotografía de portada: *Escalera Cienfuegos y ascensor cerro cordillera (Valparaíso, Chile, 1950)*, de Antonio Quintana. Colección fotográfica Archivo Andrés Bello, Universidad de Chile.
Corrección de textos: Hugo Rojas Miño
Diagramación: Salgó Ltda.
Impresión: Salesianos Impresores S.A.
Dirección editorial: Arturo Infante Reñasco

Editorial Catalonia apoya la protección del derecho de autor y el copyright, ya que estimulan la creación y la diversidad en el ámbito de las ideas y el conocimiento, y son una manifestación de la libertad de expresión. Gracias por comprar una edición autorizada de este libro y por respetar el derecho de autor y copyright, al no reproducir, escanear ni distribuir ninguna parte de esta obra por ningún medio sin permiso. Al hacerlo ayuda a los autores y permite que se continúen publicando los libros de su interés. Todos los derechos reservados. Esta publicación no puede ser reproducida, en todo o en parte, ni registrada o transmitida por sistema alguno de recuperación de información. Si necesita hacerlo, tome contacto con Editorial Catalonia o con SADEL (Sociedad de Derechos de las Letras de Chile, http://www.sadel.cl)

Primera edición: octubre, 2021
Registro de propiedad intelectual: 2021-A-8724
ISBN: 978-956-324-883-8

© Ernesto Ottone, 2021
© Catalonia Ltda., 2021
Santa Isabel 1235, Providencia
Santiago de Chile
www.catalonia.cl - ☎ @catalonialibros

*A la memoria de mis padres,
Ernesto Angelo Ottone Mortarino y
Otilia Belarmina Fernández Cruz,
que amaron Valparaíso.*

"Pero este puerto amarra como el hambre
No se puede vivir sin conocerlo
No se puede dejar sin que nos falten
la brea, el viento sur, los volantines".

OSVALDO "GITANO" RODRÍGUEZ

"Amo tus criminales
callejones, tu luna de
puñal sobre los cerros,
y entre tus plazas la marinería
revistiendo de azul la Primavera".

PABLO NERUDA

"Vida de puerto, vida de esfuerzo
vida que es digna de prosa y verso".

CARLOS PEZOA VÉLIZ

"Yo fundo esta ciudad
en fundamento inconmovible
como el godo primero, de un
soplo convertido en aborigen de la noche.
Ciudad acorazada en roca viva".

GONZALO ROJAS

"En la parte de la Cajilla
las mujeres nocturnas
llamaban a los marinos
diciendo luquía, camalón, esto es
look here come along. Lo mismo
pasaba en Hong Kong donde existe
una calle Cumalón".

JOAQUÍN EDWARDS BELLO

Índice

Introducción ... 13

Parte Primera
VALPARAÍSO DE CHILE ... 17

   1. Una singular ciudad chilena ... 19
   2. Hacia las glorias del siglo XIX ... 31
   3. Cambio de siglo tormentoso ... 47
   4. Camino a la medianía ... 53

Parte Segunda
VIVIR EN EL PUERTO ... 59

   1. Playa Ancha en los años cincuenta ... 61
   2. La familia ... 66
   3. El barrio ... 77
   4. Valparaíso en los sesenta ... 91

Parte Tercera
VEINTE AÑOS DESPUÉS ... 125

   1. El regreso ... 127
   2. Valparaíso en democracia ... 133
   3. La ocasión ... 140
   4. El Plan Valparaíso ... 145

5. Desde mi balcón   154
6. Cuesta abajo en la rodada   158
7. El Hilo de Ariadna   168

Agradecimientos   171

Apéndice fotográfico   173

Introducción

Con "El viejo Puerto" pongo fin a mis "ejercicios de memoria". Junto a "El viaje rojo" (2014) y "El segundo piso" (2016) terminaron siendo una trilogía que se refiere a las experiencias vividas en tres etapas de mi vida.

Si las dos primeras tenían una secuencia en el tiempo, "El viejo Puerto" vuelve atrás, se retrotrae a la infancia y concluye ahora, más viejo, o mejor más grande, como dicen los argentinos, con esa palabra magnífica que inventaron para consolar a quienes el futuro se nos acorta, a ese periodo cuyo único consuelo es que la única alternativa es una muerte prematura. Por otro lado, la vejez poco tiene que ver con algo así como los años dorados, término engañoso, inventado seguramente por quienes tienen algo que vender a quienes atravesamos la vejez.

En verdad, la senectud tiene que ver con limitaciones físicas, tomar remedios y frecuentes visitas al doctor, aun en el caso en que la vida, a fin de cuentas, te haya tratado bien y puedas por ahora todavía vivir con agrado y lucidez.

Es cierto que los años, en muchos casos, te dan una pizca de serenidad en la mirada y algo de sabiduría, es cierto también que la más de las veces no sabes mucho cómo usarla.

Claro, mucho peor es cuando la senectud se vive acompañada de una febrilidad senil que suele ser exagerada y crecientemente categórica en sus juicios.

Pero dejemos tranquila a la gente grande y volvamos al libro. Entonces, decimos que este "ejercicio de memoria" gira en torno a una ciudad: Valparaíso.

Ello explica que los acontecimientos referidos a las personas aparecen y desaparecen, ocupan el primer plano y después se ocultan tras la historia y la geografía citadina.

Los pincelazos de historia y geografía que contiene no pretenden ser exactos, pues, cuando más quieren dar una idea general, pueden tener imprecisiones y caprichosas interpretaciones propias de un relato más bien impresionista e informaciones que no reemplazan un sólido trabajo propiamente historiográfico. Así, este relato está marcado por conocimientos y lecturas acumuladas a través de una vida que ha transcurrido solo parcialmente en mi ciudad, pero que la eligió como su ancla marítima y territorial.

En la magnífica película "Il mattatore", de Dino Risi, traducido como "El farsante", Vittorio Gassman, como parte de una estafa, se disfraza de Greta Garbo para vender una supuesta conversación con la esquiva estrella, fingiendo que se trata de una entrevista filmada a distancia.

Ante la pregunta absurda de su cómplice, quien pretende hacerse pasar por periodista: "¿Cómo encuentra el mar italiano?", responde en un inglés aproximativo: "El mar italiano es extremadamente marítimo".

El mar de Valparaíso es también un mar extremadamente marítimo, pero además omnipresente, tal como veremos en este relato.

Valparaíso tiene además un recorrido histórico tan enredado como su geografía, en el cual se suceden momentos de euforia y de extrema melancolía.

Los porteños estamos amarrados "como el hambre" a nuestra ciudad. Nunca en los largos años que he estado lejos de Valparaíso he dudado de que ella es mi ciudad, aunque esté hoy malherida y hasta zaparrastrosa.

Este libro, a fin de cuentas, es el de un amor asimétrico entre una ciudad y un habitante, porque es absolutamente cierto que, en las tardes de invierno, esperando "la micro" en la avenida Pedro Montt en la esquina de la Scuola Italiana y frente al templo bautista para volver a casa en Playa Ancha, en medio de la vaguada costera, me embargaba el sentimiento de que el viejo Puerto vigilaba mi infancia "con rostro de fría indiferencia", como dice una vez más con acierto el "Gitano" Rodríguez.

El libro se divide en tres partes. En la primera se subraya la originalidad de esta ciudad chilena, en un país cuyas ciudades suelen tender a una cierta uniformidad.

Dice con razón Lukas en cuanto a que "las ciudades de Chile se dividen entre las que se parecen a Quillota y las que no se parecen a Quillota. Hay muchas Quillota. Bonitas, feas, extensas, modernas, rústicas, ricas, chicas, míseras, románticas, alegres o tristes. Santiago es la más grande de todas las Quillota. Valparaíso está entre las que no se parecen a Quillota".

La segunda es el relato de la relación de una infancia y una adolescencia en ese espacio singular.

Y la tercera parte es del reencuentro después de un largo alejamiento no buscado, reencuentro primero privado y después público, hasta llegar al presente, momento en el que resulta dolorosamente obligatorio señalar su decadencia, la que puede perfectamente profundizarse.

No olvidemos ese dicho italiano que dice: "Anche quando si tocca fondo, si puó sempre scavare" ("Aun cuando se toca fondo, siempre se puede seguir excavando").

Para salir del agobio actual es necesario comprender la gravedad de la situación en la que estamos, es la única manera de iniciar el difícil camino de la recuperación.

Ernesto Ottone.
Santiago-Valparaíso 2021.

Parte Primera

VALPARAÍSO DE CHILE

1. Una singular ciudad chilena

La tendencia demográfica de la ciudad de Valparaíso debe ser una de las más extrañas del mundo.

Según el censo de 1952, la ciudad tenía 223.598 habitantes, entre porteñas, porteños y porteñitos. En esos años, la población de Chile era de alrededor de seis millones de habitantes.

Según el censo de 1960, el número de porteños apenas había llegado a 252.865 almas cuando la población de Chile ya había superado los ocho millones de habitantes y hoy, cuando la población de Chile gira en torno a diecinueve millones de habitantes, la población de Valparaíso cuenta apenas con alrededor de 300.000 habitantes.

Se trata de un estancamiento poblacional enorme, pantagruélico incluso, para un país que como Chile tiene una transición demográfica avanzada, lo que significa un crecimiento moderado de habitantes, pues nacen pocos niños, sobreviven la enorme mayoría y tienden a vivir cada vez más años.

En esto nos parecemos a Europa, aunque, por cierto, más pobretones, con menos desarrollo, más desigualdades y con menos patrimonio artístico.

Pero lo que sucede con Valparaíso no puede ser achacado únicamente al poco crecimiento demográfico del país, se trata de un verdadero despoblamiento; algo les pasó a los habitantes de la ciudad que dejaron de vivir en la zona plana, aquella que en buena parte le robamos al mar.

El arquitecto y urbanista Iván Poduje me señalaba que hoy en esa zona que los porteños llamamos "plan" viven apenas 8.466 personas, lo que equivale al 3% de la población de la ciudad; de ellas, solo 177 viven en el otrora populoso barrio El Puerto.

El resto de quienes habitan en Valparaíso se encaramaron a los cerros, hasta quedar algunos casi a espaldas del anfiteatro, cerca del Camino La Pólvora, corriendo siempre el peligro de incendiarse. Aquellos con una mejor situación económica se fueron a Curauma o Placilla, o bien se acercaron a Viña a través de los cerros Placeres y Esperanza; es decir, se alejaron del casco histórico.

Hoy Viña del Mar tiene más habitantes que Valparaíso, lo que hace medio siglo parecía algo impensable.

El viejo Puerto no alberga más porteños, se estancó, no es una casa acogedora; hace ya tiempo que comenzó el éxodo.

Desde sus tiempos más prósperos hasta, hoy su crecimiento se chingó y, pese a los esfuerzos realizados, se sigue chingando.

Desde que tengo recuerdos nítidos, cuando tenía cinco años, en 1953, el porte del plan de la ciudad era más o menos el mismo, y cuando los cerros estaban menos poblados en su parte superior.

Cuando niño tenía claro que era la segunda ciudad de Chile, su puerto principal, y sabía que vivía en una ciudad grande. Sabía también, por lo que comentaban mis padres, que había un pasado mejor que les arrancaba suspiros y les hacía mover la cabeza con nostalgia.

En los años cincuenta, Chile llevaba más de veinte años de continuidad institucional. Desde 1932, cuando comenzó el segundo gobierno de Arturo Alessandri Palma, ese plano era un verdadero ejemplo para América Latina; en lo económico no tenía otra alternativa que volcar su desarrollo hacia adentro en un mundo proteccionista, y aunque había dado diversos pasos modernizadores no terminaba de alcanzar el crecimiento deseado y el bienestar social requerido.

En 1952, los gobiernos radicales ya estaban agotados y Gabriel González Videla, quien había partido con apoyo y ministros comunistas, se había cambiado de caballo al ritmo de la Guerra Fría: había excluido a los comunistas y además los había puesto fuera de la ley, a través de la Ley de Defensa Permanente de la Democracia.

Ya no quedaban trazas políticas del Frente Popular que encabezó Pedro Aguirre Cerda, y que, con apoyo de la izquierda, le había dado al periodo de "desarrollo hacia adentro" de la economía chilena un rostro progresista, industrializador y de mayores derechos sociales, logrando así una cierta recuperación de los efectos de la caída económica que venían de la Gran Depresión de 1929 y un cierto ambiente de paz social.

La sociología llamaría años después a ese período el "Estado de Compromiso", durante el cual se desarrolló un Chile más urbano con un Estado conciliador y desarrollista, en el que la derecha, si bien estaba fuera del gobierno, estaba muy presente en el Parlamento y dominaba el espacio rural que en aquel entonces era decisivo. La estructura patrimonialista y hacendal permanecía impertérrita en el campo.

Después de la Segunda Guerra Mundial, a América Latina le fue bien económicamente; durante casi treinta años dio un gran paso, dobló su producto aun cuando al mismo tiempo dobló su población, y lo hizo manteniendo su marca histórica todavía presente de inestabilidad política, desigualdad social y altos niveles de pobreza.

Chile, que alcanzaba cada vez más prestigio por su continuidad democrática, progresaba muy lentamente en lo económico. Durante el periodo comprendido entre 1950 y 1970, su PIB per cápita aumentó con un promedio anual de 1,6 %, el proteccionismo que caracterizaba de manera transversal el manejo económico seguía dependiendo en buena parte de las exportaciones del cobre, pero su economía no lograba tomar altura y la inflación era un fenómeno estructural instalado de manera crónica desde 1880, que perjudicaba sobre todo a los asalariados y a los más débiles.

En la década del cincuenta, la inflación alcanzó un promedio de 36%, ningún programa para morigerarla dio resultados, provocando más bien un fuerte rechazo social.

En la medida en que el país se adentraba en los años sesenta fue creciendo la sensación de que se requerían cambios más profundos, particularmente en la estructura agraria, la que era percibida como anticuada, injusta e ineficiente.

A este país, en el año 1953, mi padre trajo a vivir a mis abuelos italianos, quienes no se acostumbraron, se aburrían sin su entorno de tierra adentro y sin sus amigos. La brisa marina le causó reumatismo a mi abuelo, y a mi abuela la mandaban a pasear conmigo, lo que era latoso para mí y para ella sobre todo, porque yo le hacía dar vueltas por horas a la manzana. Ella comentaba que todo le parecía idéntico.

Acostumbrado mi abuelo a andar en bicicleta, el cerro no se la ponía fácil, para peor me puso el sobrenombre ridículo de "Titín", que venía de Ernestín; me duró algunos años hasta que afortunadamente murió de muerte natural.

Los abuelos se devolvieron después de un año a su pueblo y preferían que los fuéramos a ver allá, con justa razón.

Ese mismo año empecé a ir al jardín infantil de la señorita Consuelo, un jardín infantil casi familiar que quedaba muy cerca de nuestra casa; de él guardo recuerdos borrosos y amables. También comencé a estudiar italiano con la señora Firminia Burlando, quien vivía en la esquina de nuestra calle; ella había sido una de las primeras profesoras de la Scuola Italiana en la era fascista, cuando se fundó.

Tenía muchos gatos y un marido con aire distraído, que era lo único sin olor a gato en esa casa y a quien le daba órdenes continuamente.

La señora Burlando tenía un chichón sebáceo en la frente que me provocaba una fuerte obsesión. Cuando ya de grande visité Corea del Norte me pasó lo mismo con Kim Il-sung, el gran timonel de cuarenta millones de coreanos, quien tenía un cototo bastante parecido pero más grande en la parte de atrás de su cabeza donde normalmente está el cuello; no podía despegar los ojos del chichón, quedaba como hipnotizado, lo que me dificultaba seguir las clases o la conversación. Era buena gente, digo, doña Firminia…

De la elección de Carlos Ibáñez del Campo no tengo ningún recuerdo, salvo el de los comentarios desilusionados de mis padres a mediados de su mandato, cuando la inflación llegó al 84% en 1955.

Mi madre había votado por él porque prometió combatir la corrupción. En la peluquería de Don Guillermo, en la avenida Playa Ancha, había un afiche amarillento donde Ibáñez salía con una escoba, al lado había otro que mostraba a una huasita en un tren saludando con un pañuelo a un huaso que decía: "Adiós Dolores con Aliviol".

Su gobierno fue perdiendo popularidad; no contaba con "hombres de trabajo", decía mi padre. El amor al trabajo venía inmediatamente después del amor a Dios en mi hogar. Mi padre añoraba al Ibáñez del primer gobierno, el de la dictadura y la mano dura, pero en esta vuelta era solo un león herbívoro que rugía muy de cuando en cuando y terminó aislado de la izquierda y la derecha.

Dicen que Ibáñez tenía un sentido del humor un tanto negro. Durante su gobierno encarceló catorce veces a don Clotario Blest, entonces presidente de la Central Única de Trabajadores, en un período de muchas huelgas; después de un tiempo a la sombra "don Clota", como llamaban al líder sindical austero, católico de izquierda radical y mesiánico, quedaba en libertad y volvía a la carga.

Después de uno de esos períodos llegó a La Moneda con una delegación para conversar con Ibáñez. Este lo recibió muy cordialmente, diciéndole: "¿Cómo está don Clotario, qué gusto de verlo, tanto tiempo, donde se había metido?".

De la elección de 1958 me recuerdo perfectamente, tenía nueve años durante la campaña. Aunque mis revistas preferidas eran *Estadio*, *Barrabases* y *El Peneca* también leía *Topaze*, una revista de sátira política y cada vez que llegaba a mis manos no entendía mucho, pero me hacían gracia las caricaturas.

El Pingüino que era una revista pícara, que hoy la encontraría inocente hasta un supernumerario del Opus Dei, estaba estrictamente prohibida en mi casa, pero la leía en casa de amigos. Tampoco eran bien recibidas la revista *Okay* y *Simbad* por razones que nunca logré comprender, y cuando recibíamos *El Billiken* de Argentina y el *Corriere dei piccoli* de Italia era fiesta.

Mi padre era alessandrista aunque no le disgustaba el lado moderno y europeo de Eduardo Frei Montalva. Por su parte, mi madre decía que no pasaría nada si ganaba Allende porque era de buena familia y no quería que volvieran los radicales con Bossay, a quien le atribuía ser masón; seguramente no sabía que Allende también lo era —los masones en mi casa no gustaban, se los consideraba enemigos de la Iglesia—, y a Bossay también se le atribuía un "negociado con el té".

Para entender esto del rechazo a los masones, es necesario saber que en mi casa había un libro muy antiguo, de 1875, escrito por don Manuel Carbonero y Sol y Merás, quien era Parmenide Anfrisio entre los Arcades de Roma, camarero secreto de capa y espada de S.S. Pío IX, que se llamaba *Fin funesto de los perseguidores y enemigos de la Iglesia, desde Herodes el Grande hasta nuestros días*.

Entre ellos había muchos personajes históricos de los cuales uno inocentemente tenía buena opinión. La parte más escabrosa e interesante para un niño que, como yo, no estaba autorizado a leerlo, por ser lectura para mayores, eran las muertes aterradoras y los dolores por los que pasaban los protagonistas antes de su descenso a los infiernos. Entre las cosas que más me impresionaron era que Ana Bolena tenía seis dedos, y parece que algo tenía que ver eso con Belcebú.

En todo caso, Don Manuel, pese a ser muy piadoso, carecía de rigurosidad, pues Herodes el Grande reinó en Judea, Galilea, Samaria e Idumea entre el 37 y el 4 antes de Cristo, y si bien el hombre era malvado, disoluto, paranoico y servil con la dominación romana, mal pudo haber atacado a una Iglesia que por entonces no existía.

El papá de mi vecino y amigo Rolando Fuentes era jubilado de la Aduana y radical "de cogote colorado", como dicen los mexicanos, quien tenía un gran cartel de Bossay en su casa.

De él recibí mi primera lección de práctica política.

Tomando "tecito" en su casa le pregunté qué era ser radical. Me miró con ojos pícaros detrás de sus gruesas gafas y me dijo: "Ni muy caliente que te quemes, ni muy frío que te hieles".

Un día corrió la voz de que habría una concentración de Alessandri en la avenida Playa Ancha y que asistiría el candidato; para allá nos fuimos un grupo de amigos a ver qué onda.

Un tipo con voz picuda anunciaba: "Traemos ahora al hijo del León…". Pero no pasó nada porque antes de que el cachorro comenzara a hablar desde un local electoral de Frei, que quedaba al frente, empezó a sonar estentóreamente un merecumbé.

Un tipo patilludo con el rostro congestionado gritó: "Juventud conservadora al ataque…" y se armó una gresca de proporciones.

Mis amigos y yo, valientes pero no temerarios, salimos corriendo y no supimos más. Fue mi primera participación en un evento político.

Para la elección de Frei Montalva en 1964 tenía quince años y era cadete de la Escuela Militar, por lo tanto debíamos observar una conducta imparcial como nos decía el teniente López, aunque cuando ganó Frei, en la formación de desayuno, nos dijo: "Los quiero bien formados y con cara de triunfo".

Me había ido a la Escuela Militar no por una particular vocación castrense, sino porque quería tener más autonomía de mi padre quien poseía un carácter muy severo y controlador.

Transcurrido dos días en la Escuela me di cuenta de que no había sido la mejor decisión al menos para escapar de ese tipo de problemas, pues, en verdad, me daban más órdenes que en mi casa y al menos mi padre no me dejaba sin salir el fin de semana por tener el pelo ligeramente largo.

Digamos que el Chile de mi infancia y adolescencia era un país bastante ordenado, aun cuando el año 57 hubo una huelga que, aunque no fue larga, fue muy violenta y dejó varios muertos; también aconteció el terremoto más grande del mundo en el año 1960, sobre todo en el sur del país.

El año 65 hubo un terremoto en Valparaíso, menos fuerte, pero que también tuvo lo suyo y dejó algunos muertos y destrozos.

Chile era un país pobretón, orgulloso de su democracia y hacía gala de una cierta dignidad austera.

El año 62 se organizó con pocos recursos y mucho empeño un mundial de futbol. Para mí fue una fiesta y vi algunos partidos preparatorios que recuerdo como esos momentos de perfecta felicidad que suceden muy de cuando en cuando en la vida de las personas.

En Playa Ancha se presentó la selección de Chile B en la que jugaban varios futbolistas del Wanderers; le ganó una noche de verano 4-2 a Paraguay. Después vi un partido del Chile mundialista con Raúl Sánchez y Armando Tobar (ambos del Wanderers) en el estadio Sausalito en Viña, contra un equipo alemán llamado Karlsruhe, en verdad bastante tronco al que creo se le ganó 3-0. También vi a las selecciones que jugaron en Viña: Brasil, España, México, Checoeslovaquia, y en los cuartos de final, a Inglaterra.

O sea, vi al campeón, al vicecampeón y a la España de Puskas y Di Stéfano; no era poco para un niño de provincia.

Claro que la felicidad completa fue por el tercer puesto de Chile.

Era un espectáculo raro ver a los chilenos tan contentos, en ese tiempo no había barras bravas, más bien era una alegría recatada y modesta. Como modesto era el país, modestos eran sus servicios públicos de los que se hablaba mal pero que funcionaban por lo menos en las zonas urbanas. Por otra parte, nuestra burguesía era poco estridente, era de muy mal gusto hacer ostentación del dinero y había pocos automóviles elegantes.

El que tenía un coche este era pequeño, y los más baratos eran las citronetas. Adicionalmente, el que tenía una casa DFL2 y perseguidora (jubilación indexada a la inflación) era alguien a quien en la vida le había ido muy bien, qué más pedir.

La pequeña cantidad de jóvenes que llegaba a la universidad lo hacía en su mayoría para ser más bien un profesional —funcionario o de profesión liberal—. Se aspiraba más a un buen pasar que a convertirse en hombre de dinero o un emprendedor.

Los profesores, de salarios modestos, eran mirados con respeto y los médicos, venerados.

Los restaurantes eran pocos y la gastronomía casi inexistente, el vino era menos bueno de lo que creíamos, incluso el embotellado. Viajar al extranjero era un acontecimiento reservado a unos pocos; cuando alguien del sector medio incluso acomodado viajaba, lo hacía vestido de punta en blanco, iba la familia al aeropuerto Los Cerrillos y se despedían con abrazos y lágrimas aunque fueran a Buenos Aires.

Buenos Aires parecía una gran urbe elegante e interminable y Caracas, una película de ciencia ficción.

Sin embargo, la fama de la estabilidad de Chile y el contar con universidades prestigiosas le generaban respeto en la región.

Muchos intelectuales latinoamericanos cuyos países atravesaban situaciones políticas turbulentas vinieron en esos años a Chile.

Chile era el fin del mundo, cierto, pero un fin del mundo organizado y sensato, un lugar donde vivir, donde estudiar, donde enseñar.

Fue en Valparaíso, el 22 de agosto de 1959, en la Universidad Católica de Valparaíso que a las 19:20 horas se inauguró la planta transmisora y se dio el vamos a la televisión en Chile.

En 1960 comenzarían a existir los canales de la Católica de Santiago y de Valparaíso. Así, desde la Scuola Italiana pude ver el momento mágico en vivo y en directo.

La televisión en Chile llegaba décadas después de su aparición en el mundo. El mundial del 62 fue su primer estreno más o menos masivo en sociedad.

En los años 50, recién comenzaba a extenderse en sectores más acomodados el uso de lavadoras automáticas, los refrigeradores y los teléfonos en los hogares. Para obtener un teléfono instalado había que inscribirse y tener un buen amigo que fuera amigo de un amigo y que trabajara en la Compañía de Teléfonos de Chile; en caso contrario, la espera era eterna.

Los instrumentos domésticos que habíamos empezado a ver en las películas de Hollywood marcaban la frontera definitiva entre las clases medias acomodadas y aquellas que no lo eran; por supuesto, el mundo popular aún no actuaba en esta obra.

En Chile no solo había muchos pobres, sino que además la pobreza era una pobreza distinta, que iba mucho más allá de los niveles de ingreso. Tenía que ver con la cantidad de proteínas que se ingerían, las marcas que dejaban en el rostro las enfermedades infecciosas, con usar zapatos o andar a "pies pelados", vestirse con harapos y usar una "pita" en vez de correa para sujetarse los pantalones.

La pobreza de esos años tenía que ver con poseer o no alcantarillado, agua potable, pasar frío en invierno y a veces hambre en cualquier estación del año. La frontera entre la pobreza y la indigencia era borrosa.

Llegados a una cierta edad, no tener todos los dientes era lo común entre los pobres e incluso en el mundo popular en su conjunto. Revisando unas viejas revistas "Estadio", se puede ver a jugadores profesionales de fútbol enfrentando orgullosos la cámara con aquello que llamaban antes sonrisa de proverbio: "ojo por ojo y diente por medio".

De acuerdo al Censo del año 1960, los estudiantes universitarios eran 22.284, de los cuales 13.687 eran hombres y 8.597, mujeres, de una población de casi siete millones y medio de chilenos. El número era bajo incluso para esa población.

La movilidad social era muy limitada, muchos nacían con un destino marcado en la frente.

Los mejores momentos de Valparaíso estaban en el pasado, pero, tal como esas familias semiarruinadas, de ese pasado la ciudad solo conservaba parte de la platería y un cierto atractivo algo ajado al modo de los viejos amores que narran los tangos, que con razón era la música más querida de la bohemia porteña, a la que le venía bien su melancolía y sus aires de nostalgia.

Osvaldo Rodríguez, el "Gitano", era algunos años mayor que yo, cosa que se nota mucho en los años jóvenes; además era playanchino al igual que otro notable y divertido cantautor como era el Payo Grondona, ambos de familias de clase media acomodada, que habitaban en torno a la avenida Gran Bretaña. Formaron parte del movimiento de la Nueva Canción Chilena, con aires de rebeldía en los años sesenta y durante el gobierno de la Unidad Popular.

Tuvieron que exiliarse y pasar esos años azarosos componiendo y cantando.

El regreso no fue fácil, pues era un Chile muy distinto el que se conformaba después de la dictadura. Ambos murieron demasiado pronto y el reconocimiento ha llegado demasiado tarde.

Eran muy diferentes. El Payo se tomaba menos en serio y cuando conversaba era medio tartamudo, pero arriba del escenario se le pasaba de inmediato; muchas de sus canciones son chacoteras y simpáticas.

El "Gitano" era más histriónico, poeta, buen músico y dibujaba con talento. Su canción "Valparaíso" es una gran composición, tanto por su música como por su letra.

Es una canción que atravesará los años, para los porteños es "la canción", aun cuando canciones a Valparaíso hay otras muy bellas: "Valparaíso en la noche", de Ángel Parra, y "Cuando Valparaíso", de Desiderio Arenas.

El himno popular en materia de canciones es "La joya del Pacífico", compuesto por Víctor Acosta y Lázaro Salgado en 1941 y popularizada por Lucho Barrios; es la canción de la calle, el restaurante popular y la fiesta familiar.

Su letra es simple y exagera tanto las bellezas de la geografía del Puerto que hoy, con tanto maltrato recibido por la ciudad, podría casi parecer irónica.

El Valparaíso del "Gitano" es más real, complejo, nostálgico y tristón, es más el Valparaíso de los porteños.

Su letra quedó mejor cuando el "Gitano" le hizo caso a Nelson Osorio, un notable profesor de literatura del Puerto.

La letra originaria decía "por qué yo nací pobre y siempre tuve un miedo inexplicable a la pobreza". Nelson le dijo: "No seas mentiroso, tú no naciste pobre y además los pobres no le tienen un miedo inexplicable a la pobreza".

El "Gitano" hizo el cambio y el verso creció mucho.

Con esto de las letras de las canciones se producían muchos enredos en esos tiempos. Patricio Manns había escrito la hermosa canción "Arriba en la cordillera" en la que en un verso dice "llevó a mi viejo a robar ganado ajeno" que, digámoslo, es algo redundante porque es imposible robar ganado propio.

El problema es que la cantaba con tal realismo, que más de uno pensó que la canción era autobiográfica. Su madre, una buena señora, directora de una escuela en Chiloé, andaba desmintiendo lo del robo a quien quería oírla.

Como me lo contaron lo cuento.

En su canción Valparaíso, el "Gitano" obvia el tema del pasado omnipresente de Valparaíso cuando dice: "Yo no he sabido nada de su historia, un día nací allí sencillamente", bellísima frase, aunque intelectualmente coqueta; el "Gitano" conocía de la historia y sobre todo la geografía urbana de Valparaíso.

Nosotros por el contrario haremos ese recorrido, primero lento, anodino, después vertiginoso, y más adelante decadente. Comencemos entonces.

2. Hacia las glorias del siglo XIX

Valparaíso, como no podía ser de otra manera, retorcido como es, tuvo un comienzo misterioso y aproximativo, sus habitantes iniciales parecen haber sido los changos, quienes vivían rudimentariamente, eran más bien nómades y pescadores, también colectores y llamaban Quintil a la zona donde se construyó poco a poco el caserío que llegó a ser Valparaíso. Parece que Quintil quería decir "bahía profunda".

Los mapuches de la zona eran los picunches, quienes trashumaban entre Concón y el lugar donde se encuentra hoy el Molo de Abrigo, extensión que la llamaban Alimapu, que significa "tierra arrasada por el fuego". Como vemos, los incendios no son unos recién llegados a la ciudad.

Parece que los picunches no vivían de manera muy diferente a los changos, el idioma común habría sido el mapudungún y ninguno de los dos vivía de manera floreciente.

En 1450 llegan los incas, quienes extendían su imperio y su cultura hacia el sur. Como el territorio costero no era lo de ellos, se quedaron más bien en Aconcagua y parece que establecieron una dominación bastante sofisticada y tranquila; puede ser que su interés haya sido puramente estratégico y quizás parcialmente agrícola. Hacia la costa no quedó gran huella civilizatoria salvo los nombres de lugares de origen quechua, como Quillota, Concón, Limache y Cochoa, entre otros.

El primer español que llegó lo hizo solo, se llamaba Gonzalo Calvo Barrientos y se instaló en las tierras de Quillota. El hombre venía del Perú donde —nos dice el cronista español Pedro Mariño de Lobera— había tenido ciertas "pesadumbres", quizás deudas, algún adulterio, o una riña de sangre, el caso es que salió muy apurado y se instaló lo más lejos que pudo.

Los españoles llegaron con la expedición de Diego de Almagro en 1536, quien, junto con venir por tierra desde Perú, traía paralelamente una reducida expedición marítima al mando de Juan de Saavedra, que era un extraño marino porque en verdad llegó a la costa a caballo como avanzada de Almagro para encontrar la pequeña carabela el "Santiaguillo", la que arribó como estaba previsto a la bahía de Quintil a la altura de donde hoy está la plaza Echaurren.

La carabela había zarpado desde el Callao al mando del piloto Alonso de Quintero, quien antes había pasado por otra bahía un poco más al norte, a la cual, dando muestras de poca imaginación pero de bastante engreimiento, la nombró Quintero.

Saavedra, más comedido, bautizó el lugar con el nombre de Valparaíso. Dicen que en honor a su pueblo natal, "Valparaíso de arriba", en España.

Otras teorías dicen que el nombre se debe al navegante Juan Bautista Pastene, un italiano al servicio del imperio español que llegó varios años más tarde a las órdenes de Pedro de Valdivia en 1544, e impresionado por el anfiteatro de la bahía le habría puesto "Val del paraíso" ("Valle del paraíso").

A Pastene también se le atribuye el hecho de que a los inmigrantes italianos les digan "bachichas", ya que en el dialecto ligur sería el equivalente de Battista, pero eso es más fantasioso porque la inmigración italiana es mucho más tardía. Además, les dicen bachicha (*baciccia*) en dialecto o baicin, que sería algo así como bachichita, tal como les dicen a los italianos en Argentina y en Perú.

En todo caso, si la llegada de los españoles fue en 1536, la fundación real de Valparaíso fue en 1544, como puerto natural de Santiago de Nueva Extremadura.

Diego de Almagro quedó bastante decepcionado con su expedición, pues encontró que Chile junto con estar muy lejos carecía de riquezas y le pareció que el territorio era pobre de solemnidad, y que la anterior presencia inca había tenido un objetivo más bien de carácter militar.

Como no valía la pena tanto esfuerzo las endilgó de regreso al Cuzco a disputarle las riquezas que allí había encontrado Francisco Pizarro.

Pero maese Francisco no estaba dispuesto a compartir, así que se dieron con todo, sin miramientos, y finalmente nuestro buen Diego fue derrotado en la batalla de las Salinas en 1538.

Uno de los hermanos de Pizarro, Hernando, que no tenía un carácter dulce y menos aún compasivo, ordenó ejecutarlo en la plaza de armas del Cuzco por estrangulamiento de torniquete y para asegurarse de que no hubiera malos entendidos decapitó el cadáver.

Al rey de España cuando le informaron le pareció que Hernando había exagerado y le pidió explicaciones, que al parecer no fueron satisfactorias, porque lo llevó a España y lo encerró por veinte años en una fortaleza. Los demás hermanos Pizarro no terminaron mucho mejor: Gonzalo fue decapitado en 1548 y al Marqués Don Francisco Pizarro lo acuchillaron los almagristas en 1541. El hombre, pese a tener sus añitos, se defendió heroicamente pero finalmente murió en la riña y lo decapitaron, aunque a medias por el apuro.

No fueron pocos los grandes conquistadores que literalmente perdieron la cabeza en busca de la gloria y las monedas.

Pedro de Valdivia, en este cuadro turbulento, se interesó por Chile al que le encontraba ciertas potencialidades agrarias, además de militares. En 1540 comenzó los preparativos de la expedición que conquistaría Chile y lo haría a él gobernador y capitán general de estos territorios.

Algo de oro había en el estero Marga-Marga, hasta que se acabó.

Como sabemos, después de fundar Santiago siguió al sur, donde la cosa se puso cada vez más pesada y peligrosa para establecer las fronteras del imperio, pues los mapuches de más al sur resultaron quisquillosos, bravos y poco dispuestos a someterse.

No tuvo un fin sereno, don Pedro. Hecho prisionero en la batalla de Tucapel en 1553 gracias entre otras cosas al rol central de Lautaro, le hicieron todo tipo de torturas hasta que murió. Claro que él no había sido menos sanguinario en varias ocasiones con los jefes militares mapuche.

La relación de don Pedro con Valparaíso fue muy tenue, se hizo de algunas tierras y cometió una frescura mayor.

De acuerdo a la normativa imperial, quienes llegaban como colonos no se podían ir sin su autorización. Don Pedro necesitaba ir a Perú para no quedarse debajo de la mesa en las disputas del virreinato, porque requería de dinero y apoyo para continuar la conquista.

Citó para tal fin a varios vecinos de Santiago para pedirles un préstamo, pero su pedido no cayó en tierra fértil. Así, les propuso entonces que quienes juntaran la suma estarían autorizados para volver al Perú.

Muchos que estaban cansados de las guerras e incendios de Santiago recibieron la oferta con alborozo; juntaron 80.000 dorados, vendieron sus enseres, juntaron sus haberes y partieron a Valparaíso a subirse al barco "Santiago".

Cerca de donde está la plaza Aduana, a los pies de la subida Carampangue, don Pedro organizó una despedida bien comida y bien regada y pronunció un sentido discurso de despedida. A renglón seguido, mientras los viajeros se enjugaban emocionados las lágrimas, se escabulló y zarpó en el barco con los 80.000 dorados en la bolsa, más el equipaje de quienes quedaron en tierra.

Lo acusaron ante las autoridades, todas ellas al servicio de don Pedro, y como era de esperar les fue mal. Algunos perdieron la vida y a otros, con más suerte, solo los trataron de "falsos y envidiosos".

Quién sabe si este antecedente fue un aporte al surgimiento posterior de la famosa "picardía del chileno medio".

Durante la conquista y el establecimiento del poder colonial, la movida estaba en otras partes, pero con Valparaíso no pasó mucho, pues creció muy lentamente operando un comercio casi exclusivamente con el puerto de Lima, el Callao.

Era un villorrio, a lo más una aldea con pocos habitantes.

Como su principal función era servir de puerto a Santiago, el camino a Santiago era lo más importante, aunque consistía en senderos ensanchados, agrestes e incómodos. Claro que en esos tiempos casi todo era incómodo en Chile.

En el Siglo XVII se estableció "el camino de las carretas", el que pasaba por Melipilla. Otro camino era por Caleu y la cuesta de la Dormida. Recién en 1791 Don Ambrosio O'Higgins, muy buen administrador pero mal portado cuando se lo invitaba a pernoctar en familia, abrió un nuevo camino que siguió un curso similar a la actual Ruta 68. Saliendo de Santiago por San Pablo, Pudahuel, Curacaví y la cuesta Zapata, fue "el camino de las cuestas" que logró hacerse más transitable recién en 1797 para carretas y carruajes, que se demoraban, eso sí, varios días en llegar de una ciudad a otra.

Antes de estos acontecimientos poco excitantes, pasó muy poco. Solo en 1559 se establecieron unos pocos vecinos españoles en torno a la iglesia de la Matriz. Por otra parte, suponiendo quizás que había más riquezas de las que realmente existían, llegaban por saqueo barcos piratas, entre ellos el famosísimo Francis Drake, lo que obligó a instalar algunas fortificaciones, como el Castillo Viejo a los pies del cerro Artillería.

No fue Drake el único pirata, corsario en este caso, que saqueó Valparaíso; también estuvieron entre otros Cavendish, Gerritsz, Van Noort y Van Spilbergen, quienes se iban un poco decepcionados por el magro botín.

Bartolomé Sharp (es solo un alcance de nombre con el joven político actual), quien era parece muy cruel y destrozón, tuvo el tino de saltarse Valparaíso y seguir de largo hasta Coquimbo, no dejando títere con cabeza en La Serena, tanto así que por muchos años cuando un niño hacía muchas maldades había un dicho popular que decía: "Llegó Charqui a Coquimbo".

La Colonia en Chile fue dura y belicosa, marcada por la Guerra de Arauco, por el espíritu de frontera, por la importancia del ejército, por el trabajo afanoso sobre una tierra fértil, por la riqueza mineral tardía.

Chile se construyó con guerra, tierra y religión, lo que estableció sus ventajas y sus límites.

A Valparaíso le faltaron en el período colonial la tierra y la guerra, y como puerto lo que necesitaba era comercio, finanzas, movimiento, de lo cual había muy poco.

Las tierras se repartieron pronto: Pastene, Juan Elías, Martín García y Juan Gómez de Almagro tuvieron lo suyo; el resto, los mercedarios, los franciscanos, los dominicos y los jesuitas.

"Ciudad de frailes y cañones", dirá más tarde Benjamín Vicuña Mackenna en su *Historia de Valparaíso*.

Pero esos primeros personajes poderosos fue poco lo que construyeron. Como dicen los autores de la muy buena *Guía de Arquitectura de Valparaíso* (cuyos nombres cuesta encontrar entre los de las autoridades editoras), en el primer Valparaíso no se encuentra el barroco sino apenas su espíritu de oscuridad.

Gómez de Almagro era particularmente activo en materia de maldad, respecto de lo cual Leopoldo Sáez nos dice en su libro *Valparaíso* que el dueño de la quebrada Carampangue usaba a destajo su autorización para "atormentar y quemar cualquier indio para saber lo que conviene". Así, los changos se fueron arrinconando hacia la costa del cerro Barón, hasta que tendieron a mestizarse o extinguirse en la aldea.

Lo que sí había era un activo mercado de esclavos: en 1660 se vendían negros, mulatos y mapuches, imagino prisioneros de guerra.

El esclavismo acompañó todo el período colonial. Solo en 1811 se declaró la libertad de vientre y en 1823 se abolió la esclavitud, lo que fueron fechas tempranas si consideramos lo sucedido durante el siglo XIX en otras latitudes.

Las cosas para Valparaíso recién mejoraron algo con las reformas borbónicas y sobre todo a fines del siglo XVIII con el empuje de Ambrosio O'Higgins.

Es necesario aclarar que entre 1544 y 1712 el mar llegaba hasta la calle Serrano de hoy y que el puerto estaba dividido por el mar del resto de la ciudad a la altura de la cueva del chivato, lugar lleno de mitos y fantasmas donde naufragaron muchas naves.

Al otro lado estaba el Almendral, lugar que pertenecía a Martín García a quien, vaya a saber uno por qué, le dio por plantar almendras.

En el siglo XVII se creó el Corregimiento y se declaró plaza militar, su gobernador residía en el Castillo San José en el cerro Cordillera, lo que convirtió a ese cerro en el más importante de ese tiempo.

En el siglo XVII poco a poco creció el comercio con el Perú; así, vino, cebo, carne salada, cueros y quesos constituían la mayoría de los cargamentos.

A principios de ese siglo había cuatro iglesias, cien casas y un buen número de chozas.

En 1791 se constituyó el primer cabildo y se logró que el rey de España la nombrara ciudad con el nombre de "Nuestra Señora de las Mercedes de Puerto Claro", aunque todos siguieron llamándole por su nombre: Valparaíso.

Mientras tanto, tuvo fuertes terremotos. En 1730, magnitud 8,7 de la escala Richter, además de incendios a granel y naufragios.

Valparaíso llegaba entonces al proceso de independencia y la gestión de la República con unos pocos miles de habitantes, un modesto y primitivo muelle y una menguada actividad comercial que se expandirá velozmente en el Chile independiente. Será en este Chile que las cosas mejorarán para el puerto y darán un vuelco positivo, momento en que la libertad de comercio hará que el número de buques en la bahía aumente.

Era un paso obligado de las naves que venían de pasar el Cabo de Hornos y necesitaban llegar a distintos destinos en la costa del Pacífico, y ese fue el comienzo de la leyenda de Valparaíso, cuando muchos barcos comienzan a considerar a Valparaíso el lugar donde se celebra la sobrevivencia después de la tormenta y el peligro, el reparo frente a la inclemencia, el lugar donde se vuelve al mundo después de haber atravesado el último pedazo de tierra, la Tierra del Fuego.

Valparaíso comienza a aparecer en la literatura universal como una lejana pero conocida referencia y en las canciones marineras de aquellos que regresan a Europa, después de haber arriesgado sus vidas en largos y azarosos periplos.

La aldea comienza poco a poco y después mucho a mucho a transformarse en ciudad; empiezan a llegar extranjeros a hacer negocios y algunos comienzan a quedarse y a contarles a otros que aquí en el fin del mundo es posible tener un futuro próspero.

Autores como Blaise Cendrars, R.L. Stevenson y Walt Whitman se referirán a él como un punto en las rutas de comercio o como un lugar exótico, sin saber mucho qué diablos era en realidad.

La historia de Alexander Selkirk, quien en 1709 después de un naufragio sobrevivió solitario durante cuatro años en una isla del archipiélago Juan Fernández, inspiró a Daniel Defoe para escribir *Robinson Crusoe*.

La noticia de un barco destrozado por una ballena gigante frente a las costas de Valparaíso inspiró a Herman Melville en su célebre *Moby Dick*. También *Arthur Gordon Pym*, de Edgar Allan Poe, se inspira en relatos marineros sucedidos en torno al mar porteño.

Thomas Mann, en *Los Buddenbrook*, coloca el personaje Christian como hombre de negocios que ha vivido en Valparaíso, pero nuestro enorme escritor si bien se documentó bien acerca del carácter comercial del puerto no hizo lo mismo con el clima, al que Christian le atribuye un calor tropical.

En verdad lo mismo les pasó a varios cineastas de Hollywood, en películas en que aparecen porteños vestidos de peones mexicanos cantando "Cielito lindo" como música nativa.

Las viejas canciones de marineros hablan de Valparaíso como un lugar mágico y lejano. Una clásica canción marinera francesa, "Nous irons à Valparaíso", dice en su letra frases como: "En el Cabo de Hornos no habrá calor", "Cuando pesquemos cachalotes más de uno dejará su piel". "Adiós miseria, adiós barco". Todo ello entre gritos marinos y los "Yo, ho, ho", como en las canciones de la *Isla del tesoro* y aquella inolvidable: "Quince hombres sobre el cofre del muerto. / Ron, ron, ron, la botella de ron. / La bebida y el diablo hicieron el resto. / Ron, ron, ron la botella de ron". Canciones que cantan los piratas en la posada Almirante Benbow.

Desde Valparaíso zarpa la Escuadra Libertadora hacia el Perú, el último bastión del imperio español. San Martín comanda la expedición, desde tierra lo despide su amigo Bernardo O'Higgins quien ha empeñado hasta la camisa para que la expedición pueda realizarse en 1820. La mayor parte de la expedición estaba compuesta por chilenos, pues de los 4.642 soldados, 4.000 eran chilenos y en su mayoría porteños.

Entre 1818 y 1820 tuvimos corsarios chilenos que atacaban naves españolas con patentes de corso entregadas por O'Higgins para debilitar la presencia española en el Pacífico. Muchos comerciantes porteños invirtieron en este negocio cuya nobleza es discutible, pero que tenía la ventaja de generar riqueza y patriotismo al unísono; sin embargo, hubo que pararlo porque se hizo muy extenso, ya que hasta por Panamá habían llegado en la faena…

Pero esos tiempos republicanos no estarán ajenos a la desgracia. En 1822 un terremoto deja en el suelo la ciudad que ya tenía 16.000 habitantes. Como O'Higgins andaba por esos lados, se salvó por un pelo de morir aplastado.

A estas alturas del relato conviene buscar una visión ajena e inteligente para ver cómo eran las cosas en el viejo Puerto en esos años a través de la mirada curiosa de una mujer, una viajera avezada que pasará poco tiempo en Valparaíso. María Graham es su nombre, y ella llegará a Valparaíso estrenando su reciente viudez del capitán Thomas Graham, quien había entregado el alma en el paso del Cabo de Hornos.

Tenía, nuestra Mary, treinta y siete años, y de acuerdo a las pinturas que conocemos un cierto buen ver, salvo que el pintor haya sido muy generoso.

Ella recorrió la zona central de Chile y en 1824, estando ya en Brasil donde se había trasladado al mismo tiempo que Lord Cochrane, publicó su libro *Diario de residencia en Chile en 1822*, posteriormente regresaría a Inglaterra y volvería a casarse, esta vez con el pintor Augusto Wall Callcott.

Ella conoció al *tout Chili* de los primeros años posteriores a la independencia, entre ellos a O'Higgins y San Martín.

Culta, naturalista, buena dibujante, nos dejó un retrato del Valparaíso de la época. Nos cuenta que la ciudad tenía un plan pequeño donde el mar separaba el puerto del Almendral en la cueva del Chivato, allí donde ahora está *El Mercurio* o su abandonado despojo después del asalto incendiario del 2019 y la escalera del cerro Concepción.

La avenida Francia y la avenida Argentina eran en ese tiempo torrentes que bajaban de los cerros; el resto, calles polvorientas, casas en su mayoría modestas y un comercio cada vez más activo y pintoresco. Una élite reducida y beata combinaba su actividad comercial con actividades religiosas.

Se hizo amiga de Lord Cochrane, aristócrata inglés, aventurero, gran marino que jugó un rol no menor en las guerras de la independencia, lo que le valió ser nombrado jefe de la embrionaria armada chilena, a la cual le hizo ganar con más astucia que recursos muchas batallas.

Si bien su aporte fue enorme se fue enojado a Brasil, porque no le pagaron lo prometido; el hombre no era indiferente al dinero, y si bien lo llenaron de medallas la recompensa en metálico fue escasa, a lo menos en su opinión.

Con San Martín no se llevaban bien y terminaron en malos términos, pues San Martín lo acusó de fraude.

Como era de esperar, María tomó partido por Lord Cochrane en sus escritos y no habla con simpatía de San Martín. Ella dice que dicen que bebía demasiado, lo que no le consta, pero sí de que consumía opio y que tenía un genio de los mil demonios.

Lo del opio no era extraño en esa época y el mal genio es un rasgo extendido en quienes ejercen el poder, lo digo para equilibrar las cosas, pues San Martín, defectos aparte, fue un grande, con una enorme dignidad; empero, murió como tanto prócer: solitario, exiliado y más encima de peste.

A O'Higgins, quien ya tenía bastante oposición en esos años, lo trata bien: "Él es modesto, abierto, de modales sencillos sin pretensiones de ninguna clase, si ha realizado grandes hechos los atribuye a la influencia del amor patrio que, como él dice, puede inspirar a un hombre vulgar los más nobles sentimientos".

Lo que sí Mary no encuentra es que sea buen mozo; lo describe como "bajo y grueso, con ojos azules y cabello rubio, su tez encendida y algo toscas facciones no desmienten su origen irlandés, a la par de que la pequeñez de sus pies y manos son signos de procedencia indígena".

En relación con la parte de los pies, yo alertaría al lector de que se trata de la opinión de una señora inglesa, y las inglesas tienen al parecer los pies muy grandes. Independientemente del porte de sus pies, estamos ante retratos realizados por una persona sorprendentemente emancipada y libre.

Su opinión de los sudamericanos no es halagüeña: "Son ignorantes, oprimidos y quizás naturalmente indolentes y tímidos", pero piensa que la independencia terminaría por despabilarnos.

En verdad Valparaíso se despabiló mucho en esos años en los que se avecindaron muchos extranjeros, como lo señalarán en sus relatos sobre la ciudad José Zapiola y Benjamín Vicuña Mackenna.

En 1823, Valparaíso cuenta ya con 23.000 habitantes, 5.000 son europeos y norteamericanos. Ese año zarparán 333 buques.

En 1827 se creará *El Mercurio de Valparaíso*, el diario más antiguo de circulación continua en lengua castellana.

En 1828, en un congreso constituyente, se redactó la Constitución de 1828, la Constitución liberal.

En 1837 se crea el colegio de los Sagrados Corazones, el colegio privado más antiguo de Chile, que dará origen al curso de leyes que precederá a la Facultad de Derecho de la Universidad Católica de Valparaíso. Ese mismo año se instala el faro Punta de Ángeles y el cerro Barón fue escenario del fusilamiento de Diego Portales, asesinato que popularizó sus ideas y su nombre en la historia de Chile.

Portales tuvo una fuerte relación con Valparaíso, aunque en los negocios le fue mal. Su conservadurismo pragmático tiene mucho que ver con el espíritu de ese Valparaíso comercial que nacía, que miraba con cierta amargura el "peso de la noche" de Chile y creía que había que remecerlo un tanto a golpes, alargando su mirada y su lugar en el Pacífico.

El Puerto se comienza a llenar de casas mayoristas, sobre todo de ingleses, casas de moda francesas, farmacias alemanas y artesanos italianos.

El cerro del Cabo (cerro Concepción) comienza a poblarse de gringos, al igual que el cerro Alegre, al que se le llama cerro de la gringuería o cuartel alemán. Surgen las primeras fábricas de calderas, fundiciones, la primera farmoquímica (creada por Antonio Puccio), el Banco Londres y el Banco Edwards.

La ciudad se extiende desde el cerro Barón al Artillería, pronto lo hará desde el cerro Esperanza hasta Playa Ancha.

En 1846 se construye la iglesia de San Francisco en el cerro Barón, de valor arquitectónico, cuyas torres se ven desde lejos al entrar a la bahía de manera muy nítida, de allí surge el sobrenombre de "Pancho" para Valparaíso.

En 1850 se produce un gran incendio, se quema todo el centro desde la Aduana hasta la cueva del Chivato, parte del cerro Concepción y la calle del Cabo (hoy Esmeralda). De este desastre surgirá el primer cuerpo de bomberos de Chile, en 1851, cuya acción y ceremonial se convertirán en un rasgo muy tradicional del Puerto.

En 1852 se instala agua potable y también el telégrafo conectado con Santiago, en 1856 el alumbrado a gas y en 1861 una empresa de tranvías a tracción animal.

En 1862 se crea el liceo de Valparaíso, hoy Eduardo de la Barra, que tuvo sus tiempos de gloria. También de allí surgirá un curso de leyes de orientación laica que culminará en la actual Facultad de Derecho de la Universidad de Valparaíso.

Se crea en esos años la primera óptica de Chile (la óptica Hammersley), aparecen navieras como la Grace, el francés Vigoroux establece en 1840 un servicio de diligencias a Santiago de cuatro ruedas, que reduce de tres a un día el viaje a Santiago. La aparición del ferrocarril en 1863 reduce todo ello a una antigualla.

En 1866 sucede una desgracia absurda como resultado de una de las guerras más ridículas de la historia, la guerra hispano-sudamericana, que no tuvo ni objetivos ni sentido, solo rencillas menores y miedo de escaladas. Chile, Ecuador y Bolivia apoyaron a Perú en las disputas iniciales con España, y la guerra únicamente tuvo un carácter naval, pero en los hechos combatieron solo Chile y Perú. Murieron cien chilenos.

Se puede decir que la guerra se extinguió por inútil, pero Valparaíso terminó pagando el pato de la boda. Fue bombardeado sin ton ni son, afortunadamente el almirante español anunció con anticipación el bombardeo y los porteños se prepararon para un espectáculo peligroso y adrenalínico, el que habría de dejar destrozos e incendios. Curiosamente, el reloj de la vieja intendencia recibió una bala que dejó fija la hora a las nueve y veinte de la mañana. Los españoles hundieron la flota mercante, después se fueron, pero el bombardeo fue muy criticado porque Valparaíso estaba bastante indefenso; eso no volvería a pasar, pues la ciudad comenzó un vigoroso plan de fortificaciones.

En su libro *Valparaíso navega en el tiempo*, Franklin Quevedo nos cuenta una anécdota tragicómica. Resulta que meses después del bombardeo se presentó ante el Presidente de Chile, José Joaquín Pérez, un alemán de apellido Flach para ofrecerle la construcción de un submarino de guerra de su invención.

El Presidente, dudoso, le dijo: ¿Y si se chinga? De todas maneras el alemán quiso hacer unas demostraciones y se subió a su máquina con su hijo ante cientos de porteños curiosos y las autoridades; el aparejo dio unas vueltas a la bahía semisumergido, luego el alemán agarró confianza salió a altamar y se perdió de vista.

Ese fue el último día que se supo de Flach, de su inocente hijo y también del que debería haber sido el primer submarino militar chileno. Los porteños, desilusionados, regresaron a almorzar a sus hogares, moviendo la cabeza con desaprobación.

En 1876 se crea el Camino Cintura. Camino de la Cintura lo llamó Rubén Darío en algunas páginas de su libro "Azul", hoy se llama avenida Alemania, pero se usan ambos nombres y va desde Playa Ancha hasta el cerro La Cruz; la idea era que conectara los cuarenta y dos cerros de Valparaíso, pero como sucede a menudo se llegó hasta la mitad.

En 1880 se crea en Valparaíso la "Compañía de Teléfonos de Edison", la que comenzó también a instalar teléfonos en otras ciudades de Chile.

En 1883 se crea el primero de los 23 ascensores funiculares de la ciudad; hoy existen 16 y funcionan apenas siete a duras penas y con muchos problemas, pese a su carácter patrimonial.

Valparaíso fue la base logística de la Guerra del Pacífico (1879-1884) y de su capacidad técnica dependió la suerte de las tropas; allí también fueron recibidas a su regreso. La experiencia nada gloriosa de la llamada Pacificación de La Araucanía también tuvo allí su base y en los alrededores de Valparaíso se dieron las batallas definitivas más duras y fratricidas de la guerra civil de 1891. Concón, Placilla y Curauma fueron sus escenarios.

Para bien y para mal, a esas alturas Valparaíso era un centro neurálgico de la vida nacional.

En 1892 se creaba la Bolsa de Valores de Valparaíso, ya que existían 160 sociedades anónimas y se requerían corredores de seguros y de acciones ante un comercio en plena expansión. Hoy está cerrada, falló la bolsa y también fallaron los valores.

Ese año se creaba además el decano del fútbol chileno, el Santiago Wanderers. Los ingleses del Puerto, que eran muchos, comenzaron con la práctica del balompié y crearon el primer Wanderers; al parecer, no les abrieron la posibilidad a los criollos porteños para que entraran al club y en un acto de afirmación nacional ellos crearon su propio Wanderers anteponiéndole el nombre de la capital.

No sé si será cierto, pero, como dicen en Italia, "se non é vero e ben trovato" ("si no es verdad está bien dicho").

Se creó en una casa de la subida Carampangue, pero como sucede a menudo en mi ciudad no hay memoria sobre la casa en que se realizó.

Ese Valparaíso del siglo XIX se construía de manera caprichosa y original, se inventaban materiales que pudieran apuntalar desniveles y gradientes en los cerros, se construían escaleras retorcidas e interminables, amurallaban los bordes de los cerros. Era diferente a cualquier otra ciudad.

Al principio el "plan" era apenas una franja a los pies de los cerros que se va rellenando a punta de terremotos y desperdicios, después se comienza a ganar terreno al mar, con lo que surge la avenida Brasil, espaciosa y con pretensiones de gran *boulevard*; en 1881, el ferrocarril que llegaba al Barón se extiende, atraviesa Bellavista y llega al puerto.

En un principio, el corte de clase es claro: los ricos viven en el "plan" y los pobres en los cerros, pero eso comienza a cambiar; el cerro Alegre y el Concepción albergan familias de muy buen pasar, inglesas y alemanas y espléndidos caserones con vista a la bahía, todo se facilita con los ascensores.

Cuando se acerca el siglo XX, familias chilenas y extranjeras de clase media comienzan a instalarse en otros cerros, por lo cual la fragmentación urbana comienza a ser reemplazada por un cierto mestizaje de clase.

Joaquín Edwards Bello, desde su *Valparaíso (Fantasmas)* hasta sus cónicas posteriores, instruye sobre ese recorrido.

La literatura porteña comienza a poblarse en el siglo XIX y adquiere una cierta espesura a comienzos del siglo XX. No es casualidad que la primera librería sea porteña, la que fue creada por Santos Tornero.

Autores como Alberto Blest Gana comienzan a situar sus personajes en Valparaíso, como en *El ideal de una calavera,* cuyo desenlace se produce en Valparaíso: el héroe trágico de la novela, Abelardo Manríquez, es fusilado en la plaza Victoria por haber participado en el alzamiento de Vidaurre contra Portales.

En 1888 se imprime en Valparaíso *Azul*, un libro importante de la vanguardia modernista del poeta nicaragüense Rubén Darío, avecindado entonces en Chile.

Por Valparaíso no solo pasó Darwin en el siglo XIX, también lo hicieron, producto de los avatares políticos de Argentina, intelectuales y políticos de la talla de Bartolomé Mitre, Domingo Faustino Sarmiento y Juan Bautista Alberdi, quienes dejaron huella.

Domingo Faustino Sarmiento nos da su impresión de ese Valparaíso en una magistral frase: "La Europa acaba de desembarcar y botada en desorden en la playa".

La pintura porteña del siglo XIX fue cosmopolita por la nacionalidad de sus pintores, la diversidad de sus escuelas y fue quizás la más importante del país. Charles Wood, John Searle, los hermanos Ward, Mauricio Rugendas, Manuel Antonio Caro, Augusto Monvoisin, Juan Francisco González (profesor de dibujo del Liceo Eduardo de la Barra), el norteamericano Whistler, quien vino por la guerra disparatada de 1866 estuvo apenas un mes y pintó su "Nocturno" de la bahía de Valparaíso.

Hacia final del siglo surgen Juan Francisco Puelma, Pedro Lira y Celia Castro, quien obtuvo la tercera medalla del Gran Salón de París, como nos lo cuenta Roberto Zegers en *Sobre los comienzos de la pintura en Chile y en especial de Valparaíso*. Un lugar destacado lo ocupa el pintor inglés Thomas Somerscales, quien llegó a Valparaíso como profesor de dibujo del colegio Mac Kay y cuya obra creció en la ciudad.

Hasta un vals de Johann Strauss, "Recuerdos de Valparaíso", tiene la ciudad. Lo descubrió en los años noventa del siglo XX el profesor de la Universidad de Valparaíso Allan Bowne, en una caja con partituras que había comprado por 200 pesos en una feria libre; se trataba de una pieza del autor cuya existencia se conocía pero que estaba perdida.

Así se fue terminando el siglo del gran salto, de un puerto pujante abierto a la cultura y al mundo con hoteles magníficos y bellas mansiones, pero también con miseria, desigualdades y conventillos pobrísimos.

En 1844 se había creado ya el primer teatro Victoria, que sería reemplazado por una versión más monumental en 1886, donde llegaba la mejor ópera. El poeta popular Pezoa Véliz solía burlarse de los porteños porque el público pretendía entender incluso en galería las arias en italiano. Se debe recordar que allí actuó también Sarah Bernhardt.

El Victoria fue destruido por el terremoto de 1906 y reemplazado por una versión más modesta, pero con mucho encanto. En ese teatro en la avenida Pedro Montt vi siendo un niño deslumbrado "La pérgola de las flores", la primera versión con Ana González, Silvia Piñeiro, Justo Ugarte, Charles Becher, Carmen Barros y Héctor Noguera.

Bastantes años después, cuando el teatro ya estaba muy venido a menos, dije un discurso en un acto del Partido Comunista, nervioso y emocionado, tenía veinte años.

Después pasó lo de siempre, el teatro resistió a muy mal traer su enésimo terremoto y lo demolieron.

Sic transit gloria mundi.

3. Cambio de siglo tormentoso

El siglo XX comenzó en Valparaíso anunciando furores, mucha gente había llegado a esta ciudad-puerto dinámica en busca de un mejor vivir, pero la recepción fue decepcionante.

Eran los tiempos de la República Parlamentaria, tiempos inmóviles en los que campeaba la oligarquía rentista, los tiempos que Alberto Edwards Vives compara con la "paz veneciana" del siglo XVII, cuando los notables daban la espalda a la realidad y hacían de la política un juego de salón.

"Yo no soy una amenaza para nadie", dijo un político de ese tiempo. "No hay sino dos clases de problemas en política", agregó otro: "los que se resuelven solos y los que no tienen solución".

Los dos autores de estas máximas llegaron a ser Presidentes de la República.

Mientras tanto surgía con fuerza la "cuestión social", que significaba que las condiciones de vida de los sectores populares era muy precaria, pues comienzan a hacinarse en conventillos que ni siquiera podían pagar, la salubridad dejaba que desear y la educación era poca y mala para la mayoría.

En mayo de 1903 se publica un titular en *El Mercurio de Valparaíso* "Estalló la huelga de la jente de mar". Eran los trabajadores portuarios que pedían horarios más humanos y mejores salarios. A la huelga se sumaron las pobladas que bajaron de los cerros, la rabia se expresó en saqueos y asaltos, se perdió todo control, fue asaltado *El Mercurio de Valparaíso*. Un estallido social en plena regla. Los enfrentamientos y la represión arrojaron cientos de muertos y muchos heridos.

Los marinos se negaron a disparar y el almirante Arturo Fernández Vial, héroe del Combate Naval de Iquique de intachable carrera, alerta acerca de los peligros de una masacre, pero no es escuchado y debe renunciar.

Fueron varios días de batalla campal en la que murieron también varios policías y civiles; además, gente sosegada, habitantes del Puerto fueron aplastados por el tráfago de la violencia.

Finalmente, a través de un sistema de arbitraje, los trabajadores obtuvieron lo demandado. Pero todo ese dolor pudo haberse evitado.

En 1905, Valparaíso con sus 160.000 habitantes sufrió una fuerte epidemia de viruela, dados el hacinamiento en los conventillos (eran más de un tercio de las construcciones de la ciudad), la ausencia de higiene, la escasez del agua potable. Junto con eso, unos casi inexistentes sistemas de alcantarillado producían cauces rebasados y malolientes que no alcanzaban a ser mitigados por algunas obras como la laguna Placilla.

Andrés García Lagomarsino, en su libro *Valparaíso en 1905: La viruela arrasó la ciudad*, nos señala que esas condiciones hicieron multiplicarse los efectos de la infección cuando esta llegó desde Santiago. También arribaron médicos y estudiantes de medicina desde la capital para combatirla, se abrieron lazaretos en Playa Ancha y después en Barón, pero un invierno lluvioso agravó las cosas, por lo que la gente dejaba los ataúdes en las calles y escondían a los enfermos en los conventillos. Poco a poco sin embargo se logró extender la vacunación y detener el aumento de los muertos. Los muertos registrados llegaron a 6.679.

Aún no se habían cerrado esas heridas cuando se produjo el terremoto de 1906, que destruyó la ciudad no solo a causa del sismo, sino que por los incendios posteriores que fueron voraces, atizados por esas "orgías de viento" que súbitamente aparecen en Valparaíso, como las denominaba Joaquín Edwards Bello.

Ese jueves 16 de agosto se vivieron dos terribles remezones en torno a los ocho de la noche, y los incendios que se provocaron devastaron extensas áreas de la ciudad. Murieron tres mil personas y más de veinte mil resultaron heridas.

Sesenta y cuatro manzanas completas quedaron reducidas a ruinas entre la plaza Victoria y el Almendral, la parte más ancha del plan donde habitaba la mayor parte de las familias acomodadas.

El terremoto de 1906 siguió siendo para varias generaciones de porteños una especie de parteaguas en la historia de Valparaíso, se hablaba de un antes y un después pero no solo en el sentido material, sino también del imaginario.

La situación debe haber sido tremenda porque la ciudad en ruinas quedó aislada, oscura, únicamente iluminada por el fuego de los incendios. En los relatos familiares se contaban historias tétricas, de los cadáveres en descomposición, de la sed durante los días siguientes, de las rogativas religiosas entre los escombros para calmar la ira de Dios.

En la leyenda el héroe fue el vicealmirante Luis Gómez Carreño. En las fotos aparece con un físico más bien de pastor anglicano, pero el tipo se las traía, estuvo muy joven en la Guerra del Pacífico, después fue muy activo en la guerra civil del noventa y uno, en el bando ganador, por cierto.

Para el terremoto fue nombrado jefe de plaza, con todos los poderes. Instaló una carpa en la plaza Victoria y desde allí dirigió las operaciones: conseguir agua, remoción de cadáveres, orden público, cuestión que se tomó muy seriamente; parece que evitó mucho saqueo y robo, fusiló a quienes andaban saqueando y colgó 15 cadáveres con fines pedagógicos.

Adquirió un enorme prestigio, aunque todo indica que se le fue la mano con los castigos, pero eran tiempos en que se hablaba poco de derechos humanos y que el valor de la vida era muy relativo.

La figura del villano se encarnó en un italiano, el viejo Sanguinetti, que había hecho una fortuna adquiriendo viviendas de bajo costo y arrendándolas. Según se contaba en mi familia, era un avaro de manual, subía y bajaba los cerros a pie para cobrar sus arriendos y no perdonaba atrasos. Vestía mal y vivía modestamente; dicen que al morir le encontraron un baúl con dinero debajo de su cama.

Parece que en ocasión del terremoto consideró un pingüe negocio vender agua, razón por la cual el almirante Gómez Carreño lo hizo azotar en la plaza. Alfonso Calderón Squadritto, gran cronista de Valparaíso, contaba que su abuela le contó exactamente la misma historia. En una de esas es cierto.

Alfonso Calderón fue un escritor de gran cultura y un anecdotario viviente de Chile. Fue el albacea intelectual de Joaquín Edwards Bello, tenía además un gran sentido del humor, eso sí detestaba las estudiantinas o tunas y no apreciaba su origen medioeval goliardesco y abusador que dio origen al término "tunante". Como se sabía de memoria todas las letras de las canciones encontraba el colmo que no se supieran las letras; si entraban los tunantes al restaurante nosotros debíamos salir *ipso facto*.

Poco a poco comenzó la reconstrucción del puerto, se aprovechó para remodelar la avenida Brasil, la avenida Pedro Montt y la avenida Colón, se agrandó y ornamentó la plaza Victoria y el borde costero adquirió su dimensión actual con la avenida Errázuriz.

Abajo de ese Valparaíso extendido están los despojos de 350 naufragios, uno de los cuales está al frente del reloj Turri: la fragata de La Ermita hundida en 1769. Así lo señala Lukas en sus *Apuntes porteños*.

En 1912 se comenzó a construir el molo de abrigo, una obra ingenieril valiosa en cualquier parte del mundo (700 metros de longitud y 60 metros de profundidad en su extremo) para proteger a la bahía del fuerte oleaje.

En esos mismos años se reemplazó el viejo muelle de madera inaugurado en 1883 para dar paso a las estructuras actuales del puerto. Los trabajos comenzaron en 1912 y concluyeron en 1930. Prácticamente después de entonces no es mucho lo que se hizo, salvo algunas modernizaciones parciales.

El cerro Playa Ancha adquirió nuevos bríos después del terremoto. Constituye hoy el barrio más grande de Valparaíso, en el que habita un tercio de los porteños, porteñas y porteñitos.

Es un cerro con forma de meseta y grandes dimensiones que en sus faldas aloja otros cerros: Artillería, Las Perdices, Mesilla y el Toro. Parte en la vieja Aduana y a los playanchinos nos gusta pensar que se prolonga hasta Laguna Verde.

Su extensión provoca una suerte de nacionalismo cerruno en los playanchinos, de allí que se hable de la "República independiente de Playa Ancha" y que de tanto en tanto surja la idea de hacerla comuna, a lo que me opongo oficialmente como playanchino, ya que no hay Valparaíso sin Playa Ancha y no hay Playa Ancha sin Valparaíso.

Su nombre llama a confusión pues, si bien alberga algunas pequeñas playas como San Mateo y la tradicional y popular playa Torpederas, el concepto de playa que origina su nombre no se refiere a un balneario de grandes dimensiones, sino que al uso de la palabra playa para significar un espacio despejado, como se usa al decir playa de estacionamiento, por su forma de meseta.

Playa Ancha en la época colonial perteneció a pocos propietarios y tuvo pocos habitantes, tampoco se pobló demasiado en el siglo XIX. Más bien era utilizada como lugar de entretención, desfiles, fiestas y fondas; el ahora parque Alejo Barrios tenía el pretencioso nombre de Campo de Marte.

Su urbanización comenzó en torno a 1833. En 1857 La Orden de los Dominicos construyó un convento, una escuela y una capilla que existe hasta ahora con el nombre de Nuestra Señora de Pompeya, al parecer muy milagrosa porque es objeto de peregrinaciones semanales.

Después se creó el colegio de Santo Domingo de Guzmán, que junto a las Monjas de María Auxiliadora y las Pasionarias, que andaban con ese sombrero raro de la serie "La novicia voladora" que interpretaba Sally Field en tiempos prehistóricos de la televisión, formaron durante años a muchos niños y niñas de las capas medias playanchinas.

La calle principal es la avenida Playa Ancha, cuyos almacenes pertenecían todos a familias italianas. En verdad nunca fue muy bonita, la avenida más bonita era y sigue siendo la nominada Gran Bretaña.

Playa Ancha salió casi indemne del terremoto pues su base es de piedra y roca muy resistente.

Tal como la mayor parte de la burguesía porteña empezó a trasladarse a Viña del Mar, una parte se fue a Playa Ancha, incluso se instalaron algunos consulados, como el de Francia en Quebrada Verde y el de Noruega en la avenida Gran Bretaña.

En esos años llegaron a Valparaíso dos arquitectos vénetos, Arnaldo Barison y Renato Schiavon, que habían estudiado en Trieste. Ellos construyeron varios de esos caserones de madera que reflejan la huella del paso de ambos por San Francisco, California.

Después construyeron el Palacio Valle, el Baburizza, el caserón emblemático del cerro Artillería llamado hoy "Casa de los cuatro vientos", el Teatro Municipal de Viña, el palacio Rioja y la Biblioteca Severin, entre otros edificios importantes de la ciudad.

También en Playa Ancha fue muy relevante el arquitecto Esteban Harrington, quien desde 1909 construyó once casas en el cerro, entre ellas la suya.

Curiosamente, los adoquines a la vista que se asoman bajo los hoyos del pavimento en la avenida Gran Bretaña son noruegos, donados por el cónsul de Noruega; paradójicamente, ellos constituían el lastre que traían a Valparaíso los barcos de ese país.

No es extraño entonces que por su geografía Playa Ancha se haya transformado con el tiempo en sede de universidades, de la Escuela Naval, el Hospital de Salvador, el estadio Playa Ancha (hoy Elías Figueroa Brander) y lugar de las paradas militares y las fondas.

A ese Playa Ancha llegaron comerciantes alemanes, ingleses, españoles y muchos italianos, entre ellos mi familia.

4. Camino a la medianía

El Canal de Panamá se construyó en 1914, poco antes, en 1913, al borde de la Primera Guerra Mundial Fritz Haber y Carl Bosch desarrollaron en Alemania el salitre sintético, lo que impactó en la economía nacional. En esos mismos años, la República Parlamentaria comenzó a debilitarse, la producción caía, la integración social se volvió cada vez más frágil en el marco de una economía mundial profundamente alterada por la guerra.

Leyendo el libro *Un verdor terrible*, de Benjamín Labatut, me he venido a enterar de que, para colmo, Fritz Haber, además de ser un gran químico, fue el creador del gas que contribuyó a masificar las matanzas en la Primera Guerra Mundial. Fue declarado criminal de guerra pero siguió durante el nazismo, pese a tener raíces judías, produciendo cosas mortíferas para el Régimen. Parece que murió más loco que lo habitual, solamente arrepentido del efecto que sus inventos podrían haber causado a las plantas provocando un verdor terrible en el planeta. Mal bicho.

Al perder valor el excedente salitrero, base de la renta que generaba una riqueza no solo mal distribuida sino que también desinteresada en realizar inversiones productivas, se produce un masivo desempleo, regresan al centro y sur del país trabajadores desocupados, desesperados y reducidos a la miseria. Las cosas no daban para más, por lo que se hacía necesario un cambio.

Ello se expresó en las elecciones de 1920. Arturo Alessandri Palma, político astuto, triunfa prometiendo un proceso de modernización que atienda las demandas de los más necesitados.

Se inauguran los tiempos de la "querida chusma", de la "canalla dorada", se canta el "cielito lindo" con letra alessandrista que dice en uno de sus versos: "Una marca de fuego, cielito lindo tiene Borgoño, la de creerse libre, cielito lindo y ser pechoño".

El cambio se hará lleno de contradicciones, con nuevos actores, un abigarrado sector medio asalariado o independiente que puja por sus difusas aspiraciones y nuevas organizaciones y partidos de signo popular que se fortalecen.

Se abre así un periodo de convulsiones, golpes y contragolpes, presencia militar en ocasiones reformadora y en otras conservadora, hasta una República Socialista existirá, aunque solo por doce días, también la dictadura de Ibáñez del Campo.

El cauce institucional se recuperará recién en 1932.

Son años en los cuales en la economía mundial predomina el proteccionismo que sigue a la crisis financiera de 1929, la cual afecta gravemente a la economía chilena.

Aníbal Pinto, en su libro *Chile, un caso de desarrollo frustrado*, señala: "... la gran depresión golpea a la economía chilena con una violencia excepcional, a tal punto que un informe famoso y a menudo citado en la Sociedad de las Naciones designa a nuestro país como el más afectado de todos".

En este cuadro cae el comercio internacional y las importaciones comienzan a ser sustituidas, al menos en parte, por una incipiente producción industrial muy protegida.

El Estado comienza a jugar un papel mucho más activo y asume un rol de arbitraje y negociación en el conflicto social y en el campo productivo, poniendo, eso sí, ciertos límites si las cosas se encrespaban demasiado y manteniendo al mundo agrario intocado.

Ello refuerza casi naturalmente el centralismo ya que las decisiones y las iniciativas se concentran en Santiago, que no solo es el centro de la política, sino que cada vez más acumula y dirige la actividad económica.

Valparaíso, martirizado en los primeros años del siglo, sufre también estos remezones económicos, sociales y políticos, como asimismo los efectos de la pandemia llamada la Gripe Española en 1919, lo que tensa sus esfuerzos de reconstrucción y le pone cada vez más obstáculos a su dinamismo.

Valparaíso ya no es la cabeza de la innovación y los negocios, ha comenzado el tránsito de sus firmas comerciales y empresas a Santiago, su burguesía se traslada a una Viña del Mar que se ha convertido en una ciudad-balneario próspera, agradable y llena de encanto, donde la vida transcurre más pacífica y los pobres están más lejos, además está pegada al Puerto; se trabaja en Valparaíso, pero se vive y se pasea en Viña.

Hay quienes señalan que la apertura del Canal de Panamá ha sido exagerada como causa de la caída del Valparaíso exitoso del siglo XIX. Algo de razón tienen, porque las causas fueron múltiples y se desarrollaron en un lapso relativamente corto.

El argumento que dan es que ya desde antes de la apertura del canal los barcos, cuando comenzaron a tener motores más potentes y materiales más resistentes, dejaron de necesitar imperiosamente el paso por Valparaíso para tomar aliento y proseguir viaje.

Por lo tanto, con o sin canal, producida la caída del comercio mundial y habiéndose transformado el estilo de desarrollo, Valparaíso estaba condenado al decaimiento.

Quién sabe, pero en todo caso eso habría sucedido mucho más suavemente, aunque las cifras de naves en el puerto pasaron a ser mucho menores después de la apertura del canal; las fotos del antes y el después son dramáticas.

Puede que el Canal de Panamá no tenga el monopolio causal de la caída de Valparaíso como se señaló durante mucho tiempo, siempre es mejor para el "ego citadino" una causa exógena frente a la cual no se puede hacer nada, una desgracia inevitable de la cual no somos responsables. En todo caso, aceleró el ritmo de la caída y nos devolvió al fin del mundo en tiempos en que el océano Pacífico estaba lejos de tener su importancia actual.

Perdida parte de su energía propia, Valparaíso se acompasó con Chile, que comenzaba una modernización que no sería rápida.

Seguía siendo el primer puerto, pero le sale un competidor cercano, San Antonio, también muy funcional para Santiago, que si bien es estéticamente desdichado, tiene ventajas de espacio portuario evidentes.

Valparaíso se fue convirtiendo cada vez más en provincia y, como tal, se desarrolló en el periodo de continuidad institucional entre 1932 y 1973, como una "provincia cada vez más provinciana". Al igual que el resto de Chile, avanzó a ritmo cansino, manteniendo un cierto nivel de progreso, con una movilidad social pausada. En Valparaíso comienzan a emigrar los sectores más acomodados y proporcionalmente se densifica el número de los que viven en forma más precaria.

Los cerros no se extienden hacia arriba fruto de una planificación urbana con viviendas sociales, las más de las veces lo hacen caprichosamente a través de ranchos y campamentos.

Comienzan sus cifras a ir algo más atrás que el avance a nivel nacional, la necesidad de un cambio se siente con más fuerza en el Puerto, se genera también un cierto patriotismo de ciudad enojada, resentida, que se siente incomprendida y mirada en menos.

Se tienen nostalgias de un pasado embellecido hasta la exageración, al menos eso es lo que solíamos escuchar en nuestros hogares quienes nacimos a mediados del siglo pasado.

Sin embargo, resulta erróneo pensar que no había progreso durante esos años.

En 1928 comienza su labor académica la hoy Pontificia Universidad Católica de Valparaíso, la que ha alcanzado un gran prestigio nacional.

Si bien la Universidad de Valparaíso fue creada en 1981 tuvo una vida anterior como sede de Valparaíso de la Universidad de Chile a partir de los años cuarenta.

La Universidad de Playa Ancha tiene también su origen en el Instituto Pedagógico creado en 1948 y que pasó a ser parte de la sede Valparaíso de la Universidad de Chile en 1955.

La Universidad Técnica Federico Santa María fue inaugurada con su bella arquitectura en 1931 en los faldeos del cerro Los Placeres.

Todas ellas generan una base académica que ha estado quizás más presente en el desarrollo de Chile que en la propia ciudad que las cobija.

En 1930 se pavimentó el camino entre Santiago y Valparaíso, antes ya existían en la ciudad tranvías eléctricos, buses y posteriormente aparecerán los *trolleys*, que siguen caracterizando a la ciudad.

La ciudad se llenó también de cines, llegó a tener tres periódicos, de los cuales sobreviven dos, y si bien dejó de aparecer en el cancionero de los marinos de Europa, cancionero que quizás también desapareció, en cambio generó su propio cancionero.

Valparaíso desarrolló también su propia literatura de poetas, cronistas y escritores como Joaquín Edwards Bello, quien nunca dejó de escribir sobre Valparaíso, y su discípulo y albacea Alfonso Calderón; además de Salvador Reyes, novelista enamorado del Puerto; Manuel Rojas, con sus novelas y cuentos, algunos profundamente ligados a lo porteño, quien decidió avecindarse allí aun cuando parcialmente; Gonzalo Rojas, el que se cambiaba a menudo para tener una vista mejor a la bahía; Carlos Pezoa Véliz, entre burlón, popular y triste que se instaló un tiempo en Playa Ancha, su casa estaba debajo de los rieles del ascensor Villaseca leí por ahí.

Eduardo Barrios nació en la calle Urriola. Augusto D'Halmar tenía la "pajarera verde" en la subida Artillería donde se juntaba el grupo de Los Diez. Pablo de Rokha anduvo por allá y Carlos León se avecindó en Playa Ancha.

Como ellos, una larga lista de enamorados de sus rincones callejones, inmundicias, rigores y bellezas poblaron desde Valparaíso la literatura chilena.

En ese Valparaíso de la medianía, en una casa antigua de Playa Ancha en la avenida Gran Bretaña, fue donde me tocó nacer.

Parte Segunda

VIVIR EN EL PUERTO

1. Playa Ancha en los años cincuenta

Pensándolo bien, el cerro Playa Ancha en los años cincuenta era bastante parecido al Playa Ancha actual, no sé si menos descascarado, quizás.

Al menos en lo que se refiere a Playa Ancha bajo, aquel que va desde el borde costero a las primeras cuadras de Quebrada Verde donde mi padre había hecho construir una casa, en la calle Vista Hermosa.

El nombre de la calle llamaba a error. En verdad, su vista no tenía nada de especial, se veían solo las casas del frente, aunque desde la terraza del segundo piso mirando hacia la izquierda se veía un pedazo de mar a lo lejos, en el cual pasaban cada cierto tiempo las naves que venían del sur antes de enderezar el rumbo hacia la bahía.

Más arriba estaba algo así como el Playa Ancha medio, que tenía la misma composición social: capas medias del puerto, marinos, empleados de aduana, profesores, algunos profesionales y por supuesto comerciantes que llegaban hasta Porvenir, donde se habían construido algunas viviendas corporativas.

Donde hoy existe el Playa Ancha alto, Puertas Negras, población Montedónico y otras donde la crónica policial no descansa y la cantera del Wanderers ha dado buenos futbolistas no existía nada, es decir nada construido, había bosques y una explanada donde se practicaba equitación.

Allí se hacían *picnics* los domingos. En uno de esos, que con mi familia pasábamos un rústico *dimanche a la campagne*, una joven que practicaba equitación se cayó y quedó bastante herida. Recuerdo que mi padre caballerosamente la llevó en su Fiat 1400 recién llegado de Italia al Hospital Naval, que en ese entonces estaba en

Playa Ancha. Durante años se comentó ese suceso, en el que el gesto de mi padre adquiría proporciones caballerescas, con alguna razón también.

Para mi padre, cuando llegó ese auto fue un momento importante, pues como comerciante solo había tenido camionetas. Parece que su sueño de niño era tener un auto negro Fiat como los que tenían los burgueses en el Casale Monferrato de la "Belle Époque", y que él miraba desde lejos. Después se olvidó del color negro, pero siempre tuvo autos muy cuidados, cada vez con más cilindrada y siempre patrióticamente Fiat.

Si donde viven hoy los más pobres no había nada, ¿dónde vivían los pobres en Playa Ancha en aquellos años?

Algunos vivían en las quebradas en un equilibrio precario en retazos de latas y palos, que corrían un sempiterno peligro con las lluvias y los temporales.

Otros en los mismos barrios en que vivíamos las clases medias, en conventillos con una fachada de material más o menos sólido o una puerta que se abría sobre un largo corredor, que conducía a un espacio interior donde vivía mucha gente en torno a un patio central con un grifo de agua al centro y muchísimas piezas ciegas, donde habitaban familias numerosas, que en el mejor de los casos poseían un ventanuco al patio.

Al lado podía haber casas modestas, pero de materiales sólidos, o casas amplias de dos pisos ("chalets"), como era el caso de la nuestra.

Esa casa la había diseñado mi padre y su idea central era la de una especie de fortaleza destinada a resistir terremotos, bombardeos y el ataque de los tártaros, ese que nunca se concretó en el gran libro *El desierto de los tártaros*, de Dino Buzzati. A un lado tenía un conventillo del que nos separaba un cortafuegos inexpugnable y al otro la casa de un capitán de la marina mercante.

Ese conventillo desapareció a comienzo de los sesenta y se construyeron dos casas en el mismo sitio donde vivía hacinada muchísima gente.

La calle tenía adoquines hasta la mitad. Como las promesas de pavimento en aquellos tiempos duraba años, mi padre pavimentó el pedazo de calle que daba frente a la casa, lo hizo por su cuenta y dudo que le haya pedido permiso a alguien.

Todo ese Playa Ancha luce casi igual, aun cuando las calles se pavimentaron desde entonces y acumulan hoyos que a veces se remiendan en periodo electoral.

Las casas y los negocios están más venidos a menos, salvo en la avenida Gran Bretaña, donde buena parte de los caserones que estaban transformándose en ruinas en los ochenta han sido recuperados y han sido transformados en casas de fin de semana, en hostales o en hoteles *boutique*.

Las universidades han construido buenos edificios, con valor arquitectónico, y los marinos mantienen sus edificios relucientes, lo mismo el regimiento Maipo. Entre los militares funciona perfectamente el dicho que "todo lo que se mueve se saluda y lo que no se mueve se pinta".

Hasta nuestro viejo estadio Playa Ancha, de 1932, está modernizado y renovado rodeado de sus eucaliptos y con la Escuela Naval, impecable, al frente.

Todo sería mejor si algunos estudiantes de hoy no marcaran su territorio a punta de grafitis, que tuvieron su gracia hace cincuenta años en el metro de Nueva York, pero que hoy son ya un chiste viejo, feo y fácil que usa el espacio público para fines privados o para mensajes políticos escritos con una ortografía arbitraria y vocabulario más bien limitado y procaz.

Los esfuerzos de los vecinos resultan inútiles porque, aunque pinten, los patanes vuelven a sus andadas.

La pregunta a quien escribe estas líneas es con justicia: ¿Usted nunca rayó un muro cuando joven?

Sí, lo hice, cuando niño de pelusa y para no ser menos que mis amigos del conventillo y cuando joven lo usábamos en las campañas electorales bajo la consigna de que "los muros son los libros del pueblo", pero las Juventudes Comunistas de aquellos años nos ordenaba que después de la campaña los muros debían limpiarse y que jamás rayáramos casas particulares.

Por supuesto que no me refiero a los murales con valor artístico, que en Valparaíso tienen una hermosa tradición y adornan la ciudad.

Cuando regresé del exilio y encontré un Valparaíso en un estado lamentable, me llamaron la atención en Playa Ancha dos negocios que recordaba desde niño, un almacén y una botillería en la plaza Waddington, ambos se llamaban "El Progreso".

Al entrar al almacén me di cuenta de que lo atendían las mismas personas de cuando era niño, el tiempo se había detenido para ellos y para el almacén; todo estaba igualito, excepto que los humanos más viejos y el almacén más descascarado. Hoy solo existe la botillería, el almacén cambió de dueños y de nombre, para peor; si el otro no progresaba pese a su nombre, el nuevo retrocedió.

Así es Playa Ancha, casi inmóvil, todavía están las dos farmacias que existían en mi niñez, que lucen tal cual. Una sigue siendo de la familia Pacheco.

El Sr. Pacheco era una persona seria, lucía siempre impecable tras sus gafas.

Mi madre me enviaba a buscar unas obleas que el Sr. Pacheco preparaba en las trastiendas midiendo distintos polvos, volvía con una especie de hostias rellenas que mi madre consideraba milagrosas. Me imagino que allí compraría también los "pulmoquines", contra los resfriados, una inyección dolorosa de líquido aceitoso que se demoraba una vida en vaciarse.

Si bien mi vida desde hace muchos años es muy viajada y viajera y mi actividad profesional se desarrolla entre Santiago y París, ciudad esta última donde viven hijos y nietos, mi pertenencia más profunda es la de Valparaíso. La lejanía física de los nuestros no era un problema, pues afortunadamente la vida creaba alegres rutinas globales para estar lo más posible junto a ellos, pero la pandemia interrumpió bruscamente los viajes y la lejanía se ha vuelto tristeza y desazón.

También a ellos les falta venir de cuando en cuando y extrañan la presencia de un Valparaíso que adoran y visitaban a menudo. Es un lazo muy fuerte.

Debo confesar que verdaderamente me sentí de regreso del exilio cuando pude comprarme un departamento cerca de donde nací, arriba de los astilleros Asmar, con vecinos y negocios del barrio.

Afortunadamente Eliana, mi esposa, pese a ser una psicóloga santiaguina de vocación parisina y tener orígenes libanés e italiano, ama el puerto. Fue ella quien encontró el departamento. Lo curioso es que sueño mucho, y gran parte de esos sueños, los buenos y los inquietantes, se desarrollan en mi cerro.

2. La familia

La familia era pequeña, católica e italiana.

Mi padre emigró a Chile a los 24 años, en el año 1928. Nunca me quedó del todo claro qué lo impulsó a venirse. Sus padres tenían un pasar muy modesto, mi abuelo era ferroviario y mi abuela "mondina" —las campesinas que cultivan el arroz, una dura tarea que aparece reflejada en la magnífica película de Giuseppe de Santis *Riso Amaro* (*Arroz Amargo*), de 1949, con una bellísima Silvana Mangano y Vittorio Gassman, filmada en los arrozales de Vercelli donde trabajó mi abuela—. Pero ellos eran empeñosos y habían logrado darles a sus hijos con mucho esfuerzo un nivel de educación más allá de lo usual en esos años.

Mi padre se recibió de contador en un liceo comercial y su hermano menor llegó a ser ingeniero eléctrico y dirigió la planta eléctrica de Turín.

Tampoco es clara una razón política, pues la familia era de tendencia socialista, incluso algunos emigraron a Francia, pero mi padre, si alguna vez simpatizó con los socialistas, desarrolló crecientemente una simpatía por el fascismo, de manera afortunadamente inactiva.

Se refería a Mussolini como *l'uomo*, pero no usaba camisa negra, se vestía como un conde y mi abuelo le decía *il conte scaduto* (el conde arruinado). Trabajaba como vendedor de zapatos en una tienda elegante de Casale Monferrato, donde conocí al hijo de su patrón, quien se refería a mi padre con cariño y familiaridad; poseía una moto y tenía una novia que era además su prima.

Lucía un buen ver y fue durante toda su vida de una honestidad a toda prueba; no tenía buen carácter ni era divertido, pero era una buena persona, con muy malas ideas.

Quién sabe cuáles eran sus ambiciones, si tenía un fondo aventurero o si encontraba que nunca iba a progresar mucho allá, en su ciudad, pero nunca fue un hombre obsesionado con el dinero.

Lo concreto es que, cuando un lejano tío que había emigrado a Valparaíso mandó una carta diciendo que necesitaba un ayudante, vendió su moto, se despidió de todos y tomó un barco en Génova con dirección al viejo Puerto.

La zona de la cual proviene mi padre, el Monferrato en Piamonte, es una zona rica, industrializada, conocida por sus vinos, cuna del poeta Vittorio Alfieri en el siglo XVIII y de Umberto Eco natural de Alessandria, está cruzada por el río Tanaro y el gran río Po.

El Piamonte es una de las regiones más prósperas de Italia, fue el eje principal de la unificación italiana a través de la casa de los Saboya, que desde el siglo XIV gobernaron el Piamonte, convirtiéndose en 1720 en el reino de Cerdeña-Piamonte, con Turín como su capital. Tuvo una azarosa existencia de alianzas y guerras con Austria y Francia.

Cuando triunfa la Unificación del Reino de Italia, los Saboya se convierten en monarcas constitucionales del reino. Turín se transforma en la primera capital, después lo fue Florencia, hasta que liberada Roma de la tutela papal, en 1871, esta pasa a ser la capital del reino.

La historia del Monferrato se desarrolla al interior del Piamonte, del cual constituye una zona militar decisiva muy tempranamente, desde el siglo VIII. Así, quien dominaba el Monferrato dominaba el Piamonte y la Lombardía.

Del Monferrato provenía el emperador romano-germánico Ottone (Othon), que jugó un papel importante en el alto medioevo, de quien mi abuelo, hombre fantasioso, de muchas ínfulas y poco dinero, se autodenominaba descendiente. Lo más probable es que a los siervos de Ottone los llamaran Ottone por pertenencia y con el tiempo muchos de ellos se deben haber transformado por siglos en campesinos.

Casale Monferrato es considerada su capital. Es una ciudad que conozco bien; bella, rica y muy fortificada, posee una atmósfera serena y agradable.

Mi padre se libró de las dos guerras. En la primera era un niño y en la segunda estaba en Chile, y su filofascismo afortunadamente no le alcanzó para gestos heroicos y absurdos que, entre otras cosas, habrían impedido probablemente mi nacimiento.

Mi abuelo hizo las dos guerras, en casa, como ferroviario, lo que le permitió atravesarlas casi sin riesgos y jubilarse muy joven, ejerciendo un largo reposo hasta su muerte a los 92 años, encantado de la vida. Hoy continúa descansando en el cementerio de Frassineto Po.

Mi abuela era una persona de gesto serio y pocas palabras, atendía al abuelo con paciencia y una cierta indiferencia; en verdad, lo que a ella le gustaba era ver peleas de box en la televisión.

Entre el Monferrato y la Liguria existe un pueblito muy hermoso llamado Ottone, ahí nació Renzo Pecchenino (Lukas), el gran dibujante y cronista gráfico de Valparaíso que murió demasiado joven.

La llegada de mi padre a Chile debe haber sido dura, las cosas no eran como quizás él lo imaginó, el almacén del tío era muy modesto y quedaba en la punta del cerro Bellavista.

Nunca habló con cariño de ese tío. Tenía que ir de madrugada al mercado y subir el cerro caminando acompañando al burro y al burrero que llevaban la mercadería.

Los burreros fueron una institución esencial del comercio porteño hasta comienzo de los años sesenta. Creo que ningún viejo porteño pueda ser indiferente al noble burro, era parte del paisaje en la subida de los cerros, en los mercados y en las ferias; se ganaba duramente su mantención y el maltrato al burro podía provocar peleas apoteósicas entre un burrero cruel y un transeúnte; cargaba las mercaderías, los materiales de la construcción; eran aguateros, subían el agua a los cerros en una ciudad donde el agua fallaba a menudo, siempre serenos con la mirada cansada y dulce.

Su útil y apacible presencia ha acompañado por mucho tiempo la historia de Valparaíso. Lukas nos dice que ya en 1840 existía un "Reglamento para los conductores de asnos en Valparaíso", y nos cuenta sobre un cartel de 1858 que puede ser mal interpretado, el cual rezaba: "Se autoriza al burro del Director de Obras para que ocupe las caballerizas de la Policía". Conozco solo un cartel más confuso, lo vi una vez en México y decía: "Prohibido a los materialistas detenerse en lo absoluto", quedé estupefacto por tan filosófica prohibición. Después me explicaron que allá los materialistas son los camiones que transportan materiales de construcción.

Mal nos hemos portado los humanos con los burros, los hemos hecho sinónimo de tonto, de tosco, hacemos desde niños chistes verdes con las desproporciones de su anatomía, lo consideramos una cabalgadura humilde, sin gracia, apto para labriegos y frailes, solo una vez se mira como respetuoso símbolo de modestia en ocasión de la entrada de Cristo en Jerusalén. La manera divertida de decir hípico es burrero, el *equus* es noble, el *asinus* es un pobre plebeyo.

Nadie pondría un héroe arriba de un burro.

Hoy está desaparecido por la máquina, casi no se ve en la ciudad ni en el campo. Da gusto de pronto verlo en las islas griegas o en Sicilia engalanados. En los países muy pobres todavía circulan flacos y esmirriados, con hambre.

Aun cuando en los años cincuenta los comerciantes empezaron a tener camionetas, todavía había burreros que se instalaban en las afueras de la ferretería de la avenida Playa Ancha y la barraca de los Noziglia en calle Levarte para subir maderas y otros enseres a las partes más altas del cerro.

Mi pesadilla cuando niño era que me fuera mal en todo y terminara de burrero; hoy les tengo una gran simpatía. Valparaíso le debe un homenaje al burro.

Todo indica que mi padre trabajaba duro y con el tiempo le compró el almacén al tío, después compró otro, más abajo en el mismo cerro y después una frutería y una carnicería en Playa Ancha.

Fue esta última la que le cambió la vida, pues armó con otros socios una cooperativa de importación de carne e instaló un frigorífico y una fábrica de jabón, la cooperativa se llamó Coduc. Como sabía de números lo nombraron "apoderado de la firma" y parece que lo hizo bien. La Coduc comenzó a crecer, llegando a tener una pequeña flota de camiones y camionetas de distribución, y floreció.

Él no se hizo rico pero logró un buen pasar, terminó siendo el gerente y, sobre todo, pudo lucir su pinta con buenos trajes y jugar un rol eminente en la colonia italiana, entonces muy numerosa, y viajar a Italia con alguna frecuencia. Seguía admirando a Mussolini, pero lo hacía puertas adentro y *sottovoce*.

Cuando iba a Italia arrendaba un gran auto americano e impresionaba a su familia.

Pero su carácter de piamontés orgulloso y prudente no lo llevaría a hacer fortuna. Solía decir complacido: "Yo no les pido plata a los bancos, yo se las presto". Comprenderán que con esa filosofía nadie se hace muy rico, claro que tampoco pasa apuros y duerme tranquilo…

A final de cuentas, como dice la canción de Piero, era un buen tipo mi viejo, honesto, cumplidor, tenía creencias simples y autoritarias, prejuicios imperdonables. Tuvimos momentos muy duros en nuestra relación justamente por ello, pero su práctica de vida era más bien compasiva y generosa. Mis compañeros de colegio lo recuerdan como alguien de gran cortesía y amabilidad, lo cual también era cierto.

Junto al amigo con quien levantó la Coduc, un español también inmigrante de gran simpatía llamado Arsenio Fernández, eran wanderinos de pura cepa. Mi tío Arsenio, como le decíamos, era pragmático y platero, fue un recordado presidente del Wanderers, después la vida los separó.

El cariño por el Wanderers, además de los valores piamonteses del trabajo duro y la honestidad, fue lo mejor que me transmitió.

Desde muy pequeño lo acompañé al estadio e inicié mi vida de wanderino con más derrotas que triunfos.

Tenía y sigo teniendo tres hermanas mayores, Margarita, María Angélica y Mirella, y un hermano, Bruno, al cual no conocí, ya que murió antes de que yo naciera y es el antecedente directo de mi existencia.

Margarita y María Angélica venían de un primer matrimonio de mi padre con una joven del cerro Bellavista que fue muy corto. Adriana murió muy joven, meses después del nacimiento de María Angélica.

Su foto estaba sobre un mueble de una habitación llamada el escritorio, donde había una mesa con varias sillas, fotos familiares, una caja fuerte, un piano y el teléfono.

Su uso era multifuncional, ahí por ejemplo nos daban clases particulares. En Navidad aparecía el señor Cifuentes, un amable electricista que instalaba un gran árbol de Pascua, para lo cual se sacaba la mesa central.

Nunca me explicaron de quién era la foto, me llamaba la atención su parecido con María Angélica. Un día en el colegio me preguntaron por qué teníamos el segundo apellido diferente.

Tendría unos ocho años y encaré a mi madre, quien puesta en dificultad me explicó la viudez de mi padre, y ella, que era una amiga de la difunta y madrina de mi hermana mayor, habría aceptado casarse con mi padre en un acto de amor por las niñas y de buena onda con mi padre.

Lo del amor por las niñas era cierto y fuertemente correspondido por ellas.

Lo de la solidaridad con mi padre es muy dudoso. Mi madre muy católica, consideraba que el amor romántico era una suerte de debilidad pecaminosa, por lo que hacía gala de gran indiferencia por el tema y decía apreciar su independencia y larga soltería. Pero en verdad, si bien le encantaba generar esa imagen, era harto pilla, creía que decir la verdad era una cosa sobrevalorada y se movía muy bien con los secretos.

Yo creo que a la señora le gustaba mucho mi padre, quien era su paciente italiano, y que en verdad ya estaba quedándose para vestir santos.

Para mí no cambió nada y mis hermanas mayores siguieron siendo hermanas a parte entera.

La historia de mi madre es mucho más rocambolesca, solo a pedazos la he podido reconstruir, porque ella no hablaba.

Parece haber nacido en una familia de clase media del cerro Alegre, su padre era constructor civil y su madre murió tuberculosa cuando era muy pequeña, de la cual tenía el vago recuerdo de haberla visto una vez.

Posteriormente su padre se casó con otra señora, que resultó como la madrastra de los cuentos y se fue deshaciendo de los hijos del primer matrimonio con la anuencia de su marido.

A mi madre la enviaron a un internado, creo que en Limache o algo así, que dirigían unas monjas, pero a corto andar su padre dejó de pagar y ella tuvo que pasar a ayudar en la cocina para seguir en la escuela y debió alojarse con la servidumbre.

Como tenía un carácter rebelde, "no se dejaba", como dicen en México; vivía castigada hasta que decidió fugarse.

Una mañana de invierno en la iglesia del Espíritu Santo unas beatas que iban a su misa diaria encontraron a una niñita durmiendo en una de las bancas, muerta de frío. Era mi madre.

Decidieron llevársela a vivir con ellas en el cerro Bellavista donde habitaban. Se trataba de dos solteronas de apellido Sagredo, una trabajaba en una casa comercial, se llamaba Luisa y le decían Lucha, era más divertida y alegre; la otra se llamaba Berta, era muy bajita, feíta, con unos anteojitos redondos y la nariz quebrada, casi no salía de casa y cosía, era casi una monja.

Había una tercera hermana de nombre Greolinda, que tenía muy buen ver y había hecho un buen matrimonio, vivía en Viña.

Con ellas se crio mi madre, tuvo poca educación formal pero se aficionó a la lectura desde pequeña, era "hija de María" y actriz aficionada en sus ratos libres.

Era fuerte, alegre y quería progresar. Su primer oficio fue el de reparar muñecas, después se hizo mecánica dental y como era hábil e inteligente al poco tiempo era ayudante de un dentista conocido que tenía su estudio en los altos del Café Riquet, el Dr. Robinson, quien atendía gente encopetada.

La plaza Aníbal Pinto en ese entonces, hablamos de los años treinta, era un lugar elegante, por ello fue allí donde más tarde se construyó en 1946 el primer edificio en altura de Valparaíso, que por un corto tiempo fue el más alto de Chile, el edificio de la Cooperativa Vitalicia.

No se construyó solo por afán de modernismo con elementos de *art déco*, sino con fines prácticos, ya que servía para contener al cerro Panteón, impidiendo que se cayeran sobre la plaza los cadáveres del Cementerio N° 1 con los terremotos y temporales, como ya había sucedido varias veces.

Lukas lo llamó el "rascacerro". Yo lo veía enorme, salido de una película ambientada en Nueva York, me encantaba que me llevaran al médico allí.

En el último piso funcionaba el Club Valparaíso, con sillones de cuero y una espléndida vista, fue el termómetro de la caída final de la burguesía porteña cuando desapareció y se transformó en un lugar de eventos, con "menú ejecutivo" me imagino.

Cuando recorríamos Valparaíso con Eliana, ella se reía de que yo le mostrara ese edificio como algo digno de ser apreciado. En verdad, se había achicado, ensuciado, rayado y no lucía con mucho garbo.

Parece que yo lo seguía mirando con ojos de niño provinciano.

Los cementerios tradicionales de Valparaíso son muy particulares y son tres: el uno, el dos y el tres, como los tres chanchitos.

Los dos primeros están en el cerro Panteón, al lado del cerro La Cárcel, los cuales describe bien Neruda: "Pequeños mundos de Valparaíso, abandonados, sin razón y sin tiempo", son muy antiguos.

El Cementerio N° 1 tiene una cierta majestuosidad en su cuerpo principal. Data nada menos de 1825 y tiene una variedad de mausoleos con estatuas llorosas, lápidas con declaraciones de cariño o alabanzas a los difuntos en un estilo romántico y desolado algo ampuloso, todo ello invadido en parte por raíces y plantas, descuidado como de memoria olvidada. Las familias de los muertos ya desaparecieron, otras se fueron. En el caso de los naufragios nunca estuvieron cerca, a lo más fueron enterrados por un cónsul con hastío burocrático y profesional cara compungida.

En fin, se trata de una eternidad trunca olvidada, descabezada, o trizada, con nombres semiabandonados y con tumbas arruinadas por los terremotos; dicen que en 1906 algunos ataúdes se fueron cerro abajo. Apenas existe hoy dinero para los vivos, para los muertos no hay presupuesto. Sin embargo, son joyas a mal traer que debieran incorporarse al patrimonio.

El Cementerio N° 2 es una prolongación del primero creado en 1845, que tiene características similares. Al frente del

Cementerio N° 1 está el cementerio de Disidentes, donde se enterraban los no católicos en un Chile con religión oficial. En eso Valparaíso se adelantó, pues eran demasiados los extranjeros y no podían seguir enterrándolos en las playas. Todo ese conjunto recoge la historia larga de Valparaíso.

Cuando esos cementerios no tuvieron más espacio, se creó el Cementerio N° 3, en Playa Ancha, el año 1887. Allí el espacio no faltaba, nace como alternativa popular y después se transforma en el cementerio por excelencia. Es un cementerio de muertos con más vida y con familias que los van a ver, aunque su parte más tradicional comienza a repetir el fenómeno de olvido al igual que los anteriores.

Lo curioso es que todos gozan de una excelente vista al mar. El cementerio de Playa Ancha tiene una extraña animita de Emile Dubois, el "Santo asesino", un aventurero francés que cometió varios crímenes y que, al parecer, fue capturado, condenado a muerte y ejecutado en las primeras horas del 26 de marzo de 1907.

Fue un caso muy mediático y desde el comienzo muchos creyeron en su inocencia, porque el hombre nunca reconoció su culpabilidad, después la leyenda lo convirtió en una suerte de justiciero que mataba a comerciantes usureros.

Pese a ser enterrado en la fosa común, alguien señaló un punto que hasta hoy está siempre adornado y embanderado y con muchas placas de reconocimiento por sanaciones y favores concedidos. Existen asociaciones muy activas para perpetuar su memoria.

En ese cementerio está la tumba de mi familia y casi todos mis muertos.

Pero volvamos a mi madre, doña Otilia, a quien dejamos instalada como ayudante del Dr. Robinson. Quizás sería porque este señor ya estaba muy anciano y cansado y mi madre era temeraria, la cuestión es que empezó a atender a los pacientes como si la dentista fuera ella, pienso yo, bajo la guía del dentista de verdad. Contravenía con ello la ley, pero parece que el control en esos años era aproximativo. Cuando el viejito se retiró ella siguió con su propio estudio, con muchos pacientes.

Mi madre comenzó a tener una buena situación y pasó a ser el sostén de la tía Lucha y la tía Berta, además encontró a su abuela que era al parecer buena persona. Enfrentó a su padre en plena plaza Victoria en base a una fotografía que se había conseguido, a quien primero lo subió y lo bajo tratándolo de "padre desnaturalizado", pero después lo perdonó y lo ayudó a un buen morir cuando enfermó.

Apareció también una monja que era una tía algo lejana, Sor Rosalito, cuyo padre al morir entregó toda su fortuna. El hombre tenía unas tierras que donó al convento y de paso a Sor Rosalito, quien era minúscula, tocaba la cítara y el piano, vivió muchos años, las otras religiosas la trataban con gran respeto, usaba unos anteojitos verde oscuro redondos y era incurablemente feíta (se parecía al general Huerta, el general que traicionó a Madero en la revolución mexicana, pero vestido de monja).

Conoció también a sus hermanastros a quienes vi fugazmente, parece que todos eran buenas personas. Pero ella había decidido seguir huérfana; su familia éramos nosotros.

Cuando se casaron pudieron despegar económicamente, así que cuando yo nací para reemplazar a mi desconocido hermano cuya muerte fue trágica y acompañó a mis padres toda la vida. La familia tenía una buena situación económica, con una casi inexistente familia por el lado chileno, con lo que las costumbres en la casa eran inevitablemente italianas; se comían empanadas, pero lo emblemático eran los ravioles.

Toda la independencia de espíritu de mi madre se perdió aparentemente en una maternidad a tiempo completo, acompañada de un cambio físico de robusta aunque pequeña matrona; sin embargo, siguió trabajando con un estudio en la casa de forma clandestina hasta que terminó atendiendo solo a los amigos, porque empezó a tener problemas con la justicia y eso para mi padre se volvió intolerable.

Ese era mi entorno: un padre severo y vigilante del deber, una madre divertida que se saltaba las reglas impuestas por mi padre y tres hermanas mayores que me regaloneaban cada una a su manera.

Mi tío cura, Mario Ottone, era salesiano como corresponde a un piamontés, no era un místico, aunque simpático y gruñón; le gustaba disparar a pájaros y conejos, pasear por la campiña, leer libros entretenidos como *Mondo piccolo di Don Camillo*, de Giovanni Guareschi. Le ayudé a decir misa un par de veces, las hacía de manera más bien burocrática y no era un buen predicador, era un hombre de acción y de cosas prácticas. A mí me cayó siempre bien, además tenía una motoneta, la cual me enseñó a manejarla y me la prestó desde chico hasta que una vez me detuvieron.

Tenía el *hobby* del aeromodelismo, era una persona muy querible y su presencia era siempre bienvenida.

Había otra familia más lejana, dos primos italianos de mi padre: los tíos Sixto y Anselmo Bacco; ambos eran comerciantes, uno era grande, tosco y buena persona, el otro era algo misterioso, un hombre muy delgado de esos que usan la calavera por fuera. Teníamos una relación buena pero no estrecha.

3. El barrio

La extensión del barrio como espacio de socialización se producía entre la calle Vista Hermosa y la de más abajo, República, donde quedaba la comisaría y había tres plazuelas de juegos; más abajo estaba el Deportivo Playa Ancha, que ocupaba una manzana entera y tenía piscina olímpica y canchas de tenis.

Ahí aprendí a nadar y a gozar como espectador de waterpolo. Por otro lado, mis hermanas mayores eran buenas tenistas.

En mi calle había dos almacenes y ambos de italianos, ligures por supuesto. La mayoría de los italianos de Valparaíso provenían de pueblitos de la costa ligur, de las colinas que rodeaban esas pequeñas ciudades costeras, que van desde Génova hasta el comienzo de la Toscana en Cinque Terre; entre ellos, resaltan Rapallo, Santa Margherita y Portofino.

Imagino que en esas colinas la vida debe haber sido muy dura. Ellos emigraron a fines del siglo XIX y comienzos del siglo XX. Era gente tranquila; trabajadores, algo huraños, hablaban un dialecto muy cerrado y tenían fama de apretados.

Cuando visité por primera vez la costa ligur me sorprendía que en los negocios y restaurantes aparecían todos los apellidos de los italianos de Valparaíso: Bacigalupo, Vacarezza, Sanguinetti, Costa, Arata, Andreani, Pérsico Solari, Lagomarsino, la lista es muy larga.

Uno de los almacenes del barrio era del señor Baffico, un hombre arisco y silencioso, que tenía el almacén más grande, usaba un camión muy antiguo como los que aparecían en las películas de gánsteres para llevar licor durante la prohibición.

Vivía al lado del almacén, no llevaba vida social alguna y sus hijos estudiaban en los Sagrados Corazones.

El otro almacén era mucho más chico, pertenecía a don Giuffra, un viejito de piel transparente con ojos claros y una boina negra. Las mujeres de los almaceneros andaban siempre con calcetines, nunca los vi salir a otro lugar que no fuera su casa. El hijo era gásfiter, tenía pinta de inventor con el pelo rubio desordenado y anteojos redondos, pero era muy bueno para el copete y andaba siempre a medio filo.

A don Giuffra en el barrio le decían el "cara de monja", y algo de eso tenía, pero en verdad sus rasgos eran más regulares que la mayoría de las monjas de María Auxiliadora, las que eran muy poco agraciadas, aunque muy devotas. Una de ellas, Sor Corina, muy amiga de mi madre, italiana ella, era lo más parecido a la bruja de Blanca Nieves, pero en bondadoso.

Después venían las casonas de madera y casas de distintos portes y tamaños pertenecientes a familias de sectores medios con buenos niveles de bienestar.

Empleados de oficina, funcionarios de Aduana, oficiales de la Marina, profesores de liceo y comerciantes y al fondo, ocupando una quebrada entera, unos alemanes que tras una alta y amenazante empalizada negra habían reproducido un trozo de la Selva Negra, con pinos inmensos y una casa completamente alemana muy grande que solo se podía vislumbrar cuando abrían el portón por pocos segundos, también tenían unos perros grandes y agresivos. Nos pasábamos las más extrañas películas de quiénes eran y qué hacían. Nunca lo supe.

Entre medio de las casas estaban los dos conventillos donde habitaban vendedores ambulantes, barrenderos, obreros municipales, marineros, portuarios, vendedores de diarios y otros oficios menos determinados.

La mayoría de los niños del barrio provenían de los conventillos, puesto que los que vivíamos en casas éramos la minoría absoluta.

Nunca les conocí los nombres salvo a uno llamado José María, que no es el mejor nombre para un niño de conventillo, porque le decían sólo María. Los otros eran el "Canuto", cuyos padres deben haber sido evangélicos; el "Gorila", de aspecto simiesco y porte atlético; el "Cagón", que aliviaba sus intestinos en cualquier parte, el "Chulín", el "Chamaco" y el "Pelao", quien era "canillita" (vendía diarios en la calle).

Aquellos que eran más de clase media tenían nombres normales: "Luchín", José Manuel, "Nene", Álvaro o patrióticos, pues había un Caupolicán y un Lautaro, solo al "Cocoa", que era colorín, se lo conocía por su apodo.

Las niñas, como la Elsa, la Irma o la Chiruca, sufrían un cierto ambiente brusco propio de una pandilla plebeya. El jefe era el Gastón, que era más grande y no vivía en el conventillo.

El Gastón cobraba las cuotas de la pandilla, pero parece que nadie pagaba salvo nosotros. Con esas cuotas, el Gastón se iba el domingo a la matiné del teatro Odeón.

Jugar al futbol en la calle era la entretención principal, que en Valparaíso es muy complicado porque todas las calles tienen pendientes. Entonces o te cansabas corriendo para arriba o se te escapaba la pelota que podía llegar hasta la quebrada.

También nos lanzábamos por carretón, nos colgábamos de las micros o les declarábamos la guerra a los de la calle de arriba, los de la calle Atalaya, que no sé por qué eran nuestros enemigos.

No todos los amigos usaban zapatos, salvo en invierno; cuando mi madre con las monjas recolectaban zapatos, yo tenía que informar sobre quiénes necesitaban. Cuando nos poníamos malditos rompíamos el alumbrado a hondazos, pero finalmente tan dañinos no éramos.

Recorría el cerro una pobre mujer loca que tenía una edad indefinida, era alta, despeinada, de rasgos duros, solía ponerse a bailar cantando canciones españolas y haciendo sonar unas castañuelas. La llamaban la "Loca de las castañuelas", otros le decían "La Camiona" por lo alta; le temíamos y con la crueldad propia de los niños la molestábamos, ella entonces nos amenazaba, pero nunca le hizo daño a nadie.

Una vez que mi madre nos sorprendió molestándola se indignó y nos retó duramente. Se decía que era la sobreviviente de una familia acomodada que la había abandonado, usaba zapatos solo en verano, en invierno los llevaba bajo una suerte de rebozo para que no se le mojaran.

En el barrio descubrí muchas cosas; entre ellas, a un señor grande y macizo obrero portuario, que tenía una de las mejores piezas del conventillo. Le decían "La Carlota" y mis amigos me explicaron que se debía a que le gustaban los hombres, me pareció raro, pero no recuerdo haber hecho un juicio moral.

También conocí al primer afrodescendiente en mi vida. La mamá del Gastón y la Chiruca, una señora muy gentil, era algo casquivana.

Cada cierto tiempo se armaba una algarabía y ya de lejos comenzaban los niños a gritar: "Llegó el papá del Gastón", y aparecía un negro vestido de claro, con sombrero Panamá y una sonrisa que Louis Armstrong la envidiaría. Todos lo seguíamos mientras él nos arrojaba puñados de chicles americanos, y se quedaba varios días, esperando seguramente el zarpe de su nave. Las señoras del barrio murmuraban con desaprobación y envidia, porque dejaba muchos regalos a su amante.

Por el barrio pasaban muchos vendedores ambulantes: el vendedor de escobas, el afilador de cuchillos, el vendedor de pescados, el vendedor de helados; cada cual tenía un grito original o un instrumento propio: el afilador una flauta de Pan y el heladero un cuerno.

En las noches de invierno pasaba el vendedor de "motemey partido al medio, calientito", lo que nunca supe lo que era. El favorito era sin dudas el organillero con su loro, los papelitos de la suerte y las pelotitas de aserrín colgando de un elástico.

Pero no todos los días eran de quietud, razón por la cual los porteños crecimos con el sonido de las sirenas como algo familiar y cotidiano. A veces el peligro se plasmaba en las sirenas de los carros bombas, era el fuego; otras veces eran las sirenas de los barcos saliendo a altamar para evitar el naufragio en pleno temporal. Las boyas en ocasiones avisaban que la neblina en el mar era tan espesa que las embarcaciones podían chocar. No siempre los peligros se podían evitar y terminaban barcos montados arriba de las piedras del borde costero, como El Naguilán en 1963.

Los temporales provocaban aluviones que desprendían pedazos de cerros, y a veces casas. Además, no era raro ver pelícanos atontados caminando sin rumbo por la avenida Errázuriz, bajo aguaceros y marejadas.

En esas ocasiones muchas veces jugaba un rol extraordinario el "Bote Salvavidas", organización compuesta por voluntarios que salía en sus embarcaciones a ayudar las naves en dificultades. Fue fundada en 1925 por el capitán danés Oluf Christiansen, y es una institución muy querida por los porteños.

El primero de enero de 1953, en momentos que había algazara por la noche de Año Nuevo, comenzó a quemarse una barraca en la avenida Brasil, luego el fuego arrasó hacia el lugar donde se encontraba el departamento de Caminos del Puerto. Los bomberos, sin ser advertidos de que en dicho lugar había combustible, pólvora y dinamita, se vieron envueltos por una cadena de explosiones en las cuales murieron ciento cincuenta personas, treinta y seis de ellos bomberos, quedaron 326 heridos.

Las fuerzas desatadas de la naturaleza y el fuego estaban siempre presentes en Valparaíso, las primeras en invierno la segundas sobre todo en el verano.

Vivíamos con eso.

En nuestros barrios interclasistas de Playa Ancha, violencia había muy poca y nosotros recorríamos el cerro sin miedo.

De pronto me tocaba presenciar peleas de borrachos, en las cuales nunca la sangre llegaba al río.

Había dos hermanos que cuando se emborrachaban se amenazaban a gritos, pero a varios metros de distancia. Uno interpelaba al otro: "No seái cobarde, "ven pa'cá si soy tan choro", a lo que el otro respondía: "Chis, ven tú. ¿Que me tenís miedo?". La liturgia podía durar horas, pero nunca se acercaban. Cuando se les espantaba la mona, andaban de lo más amigos.

También se peleaban unas señoras del conventillo, pero una de ellas tenía un método imbatible que le permitía derrotar a su contrincante con muy pocas palabras. Sentadas en unos escalones y separadas por pocos peldaños, una de ellas comenzaba: "Yo a ti te tengo muy cachada, soy la hedionda de floja, tus chiquillos andan todos mugrientos y no atendís a tu marido, escuchái la radio todo el día".

La otra, impertérrita y sin levantar los ojos de su tejido, le respondía: "Esa eres tú".

La primera se ponía morada de indignación volvía a la carga: "Como voy a ser yo, yo mando a mis cabros impecables a la escuela, lavo y plancho todo el santo día y atiendo a mi marido".

La otra sin mover un músculo decía. "Esa soy yo".

Con la voz descompuesta y el morado de su cara transformado en un rojo sangre la primera insistía: "Qué vai a ser tú, que tenís a tus cabros botados y andái callejeando todo el día".

La respuesta no se dejaba esperar: "Esa eres tú".

La discusión duraba horas y terminaba siempre igual.

Una vez fueron a buscar a mi madre porque un marido borracho le estaba pegando a su señora. Mi madre que era de armas tomar, entró al conventillo en busca del malhechor y el tipo se detuvo sorprendido. Mi madre lo increpó y le dijo que llamaría a los carabineros, el hombre se miraba contrito la punta de sus zapatos, mientras tanto la mujer encaró a mi madre: "Mire señora Otilia, con todo respeto, usted no tiene na' que meterse en esto, no le voy a negar que me pegó unos combitos, pero es mi marido; además, yo soy muy amiga del mayor Pérez, que es el jefe de la comisaría". Mi madre se retiró y pidió que no la fueran a buscar más.

Mi padre me tenía prohibido juntarme con los niños del conventillo, pero no mi madre, así que cuando se escuchaba el auto de mi padre quedaba el espantadero en mi patio. Pero al otro día de nuevo estaba allí.

De mis hermanas, la única que me acompañaba en mis correrías, era la "Ange" (María Angélica), la del medio, que era buena para el futbol y se hacía respetar con los puños. La mayor, "Nana" (Margarita), vivía en un mundo ya de jovencitas, ajena al barrio, y la menor, Mirella, era una niña modelo: estudiosa, limpia y siempre rodeando a mi madre, era como las niñas modelos de la Condesa de Segür.

Nos vengábamos de tanta perfección ensuciándole el vestido, diciéndole garabatos que la hacían llorar, tirándole abejas y asustándola en la noche con sábanas. Pero era muy buena gente, igual me ayudaba a hacer la tareas; en verdad, muchas veces me las hacía.

Si mi madre me sorprendía hostigándola el correazo era seguro. En ese tiempo era parte del cariño materno.

Al poco tiempo de entrar a la Scuola Italiana echaron abajo el conventillo. Mis amigos desaparecieron sin que nunca supiera sus nombres, jamás los vi de nuevo.

El barrio cambió su carácter. Quedamos los menos entretenidos, todos de clase media, pero curiosamente también ellos comenzaron a irse poco a poco, imagino que sus padres cambiarían de trabajo, algunos marinos que eran de Santiago se retiraban y volvían a la capital; era una extraña sensación, pues yo creía que la gente una vez instalada vivía en un solo lugar para siempre. Era un pensamiento errado pero entrañable.

Afortunadamente llegaron otros niños que fueron mis amigos del tránsito de mi niñez a la adolescencia, algunos de ellos duraron como amigos de por vida.

Con la desaparición del conventillo, mi padre perdió su público de Año Nuevo.

Como los fuegos artificiales típicos de Año Nuevo en el puerto no se veían desde mi casa —solo se veían los reflectores de los barcos—, don Ángelo preparaba bombas, cohetes, bengalas en grandes cantidades que comenzaba a lanzar a medianoche desde la terraza. Los vecinos traían sillas y se instalaban frente a mi casa aplaudiendo con gran entusiasmo.

Nosotros saludábamos desde el balcón como familia real de la corte de los milagros y mi padre agradecía los aplausos. Era un raro gesto, aunque mi padre era un honesto hombre del extremo norte de Italia, en aquellos momentos tenía algo de Vito Corleone.

Con el tiempo las obligaciones fueron reemplazando los juegos. Tenía que aprender italiano ya que mi padre me hablaba normalmente en esa lengua; los domingos ir a misa de punta en blanco, como era la costumbre de traje y corbata, disfrazado de enano, veranear en las termas de Cauquenes y sacarme buenas notas.

En ese tránsito estaba cuando se produjo una tragedia muy porteña en el barrio, el buque del capitán Arturo Márquez, un vecino muy gentil, se dio vuelta de campana y a don Arturo no lo encontraron nunca, se perdió para siempre en el océano.

Fue un dolor en todo el barrio, su viuda, quien además se llamaba Marina, lucía inconsolable.

Pasado un tiempo considerado corto por la rígida moral de mi casa, doña Marina con justa razón revivió y empezó a organizar unos asados familiares bien regados en su jardín, donde se cantaba y bailaba, molestando a mis padres que se acostaban, como Dios manda, de buena hora.

La señora Marina pasó a ser la viuda alegre y empezó a ser mirada de reojo. Un día la fiesta estaba en pleno apogeo cuando alguien anunció que la "Peíta", así llamaban a una señora que pesaba unos cien kilos embutidos en un metro cincuenta, iba a hacer un *striptease*.

Se oyó un ruido de sillas que se movían y comenzó una música sensual. El público parecía avivar a la bailarina: "¡El vestido, Peíta! ¡Las enaguas, Peíta! ¡Los calzones, Peíta!", llegado a ese punto yo ya estaba en la ventana.

Mi madre apareció con rostro de ira bíblica y me sacó de un tirón, en el jardín del lado estaba la gritadera, salvo la pobre Peíta que dormitaba sonriente en una silla; nunca se le había pasado por la mente mostrar sus desencantos.

El enojo se transformó en sonrisas, la señora Marina bajó los decibeles y con el tiempo volvió a ser la Marinita.

Mi padre en su severidad educativa nos tenía prohibida muchas cosas: por ejemplo, leer *comics*, que en ese tiempo se llamaban revistas de monitos, pero mi madre nos las compraba a escondidas; tampoco podíamos ir al cine salvo cuando él nos llevaba muy a lo lejos. Por ello, cuando mi padre estaba de viaje, tenía reuniones o vaya a saber uno qué, mi madre nos decía "pónganse la leva" y llamaba un taxi. Veíamos dos películas al hilo y comíamos pasteles del Stefani, que hasta hoy sobrevive frente a la plaza Victoria.

Mi madre además de usar todos los giros porteños, tales como pan batido, salida de cancha, también usaba términos arcaicos: el cine era el biógrafo, el demonio era el maldito, los buses eran las góndolas, tonta era inoneca, tener suerte era encontrarse la virgen amarrada de un trapito, algo inútil era igual a la nada o la cosa ninguna.

Su trato con los santos era coloquial. San Pancracio, uno de sus favoritos, santo romano mártir, era el polleritas cortas, pero la lista es más larga.

El circo en Valparaíso era un cuento aparte. Íbamos al circo Las Águilas humanas, que se emplazaba entre la avenida Argentina y la avenida España en el gasómetro, un lugar perfectamente tóxico que ocupaba la compañía de gas. Por sobre la avenida España cruzaban unos carritos con carbón que venían del muelle Barón y nos dejaban a todos algo cenicientos.

El circo no debe haber sido tan grande pero lo hallaba enorme, colorido, misterioso, emocionante y daba un poco de miedo. Los trapecistas, los domadores, los caballos blancos montados por unas amazonas de pie, con muslos gruesos y sonrisa ancha, los payasos históricos, el Tony Caluga y el Tony Chalupa. Habría querido que el espectáculo no terminara nunca.

Esa emoción era solo comparable con las idas al estadio con mi padre, pues durante esas idas ponía su severidad en remojo y se generaba una cierta complicidad de hinchas. El recuerdo más lejano es de un partido de noche contra el Magallanes, en 1954. Se prolongaron hasta el sesenta, cuando comencé a ir solo o con amigos.

El estadio Playa Ancha estaba a mal traer, pero su emplazamiento es muy bello, cerca del mar, ventoso, con gaviotas revoloteando. El verde del pasto y el olor a eucaliptos me provocaban un estado de euforia.

Además el Wanderers en esos años cuando el futbol no era la gran industria turbia que es hoy día, cuando la camiseta significaba más emociones que exposición de marcas, era un equipo-ciudad, que me identificaba con pasión.

Los jugadores eran mis ídolos y muchos de ellos permanecían largos años en el club, incluso si eran de primer nivel y seleccionados de Chile.

El Wanderers de esos años siempre disputaba los primeros lugares. El 56 vicecampeón, el 58 campeón, el 59 Copa Chile, el 60 vicecampeón. Éramos un equipo famoso por su garra, provincianos fuertes y orgullosos.

La empresa que mi padre dirigía ocupaba a Francisco Julio y al "Peta" Fernández, pues todavía el profesionalismo era incompleto.

Santiago, para un niño playanchino, quedaba muy lejos en los años cincuenta. Debo haber ido la primera vez en 1956, me pareció enorme y señorial, el zoológico me impresionó, también el Centro Cívico; la capital me pareció inmensa, se me achicó Valparaíso.

La segunda vez fui con mi padre a ver el partido de Wanderers con Colo-Colo en 1958. De la estación partimos directamente en taxi al estadio Nacional, que me pareció gigantesco, almorzamos en unos comedores que los encontré elegantes, después vimos el segundo tiempo entre La Serena y Unión Española y finalmente el partido, ganamos 4-3 y llegamos a ir cuatro cero.

De vuelta a la estación estábamos tan felices que mi padre me regaló una revista de Roy Rogers y, para compensar, *Colmillo Blanco*, de Jack London.

Así se acercó el fin de los años cincuenta, con el tiempo lento que tienen los años de la infancia.

Los domingos se iba a Viña del Mar donde se tomaba helado en el extinto Samoiedo y después, de vez en cuando de una pasada por la Coduc, se almorzaba en el San Marco en Viña o en el Fornoni en el Membrillo. Pero las más de las veces eran los ravioles o los *gnocchi* en casa, con torta sacramentina comprada en el Café Vienés, de Bartolomé Vacarezza, expartizano, hombre de izquierda, gran presidente del Wanderers, preso durante el golpe, tuvo que dejar Chile, salvado por un pelo.

El Café Vienés, un café elegante y clásico del puerto, estaba emplazado en el bello edificio construido por Esteban Harrington en 1897, donde había funcionado el Hotel Royal, uno de los más conocidos del Pacífico Sur.

A veces lo domingos iban a almorzar varios curas italianos amigos de mi tío, entre ellos el padre Vettore, confesor de mi padre y que se reía mucho de sus confesiones, las que consistían en un rosario de autoalabanzas y ningún pecado; no quedaba más que absolverlo y felicitarlo.

La única invitada por parte de mi madre era la tía Greolinda, porque las viejitas que la criaron se habían opuesto al matrimonio de mi madre, por razones fenicias creo yo, y mi padre les tomó ojeriza.

Pero ellas iban durante la semana. Mi tía Berta iba a coser un día a la semana, estaba muy mayor y mi madre le pasaba siempre lo mismo que ella hacía y después deshacía. Yo, feliz, porque me contaba cuentos en los que siempre al final perdía el diablo. Siempre mi madre las cuidó.

Tengo muy vagos recuerdos de la epidemia de la influenza en 1957, creo que durante un tiempo no se hicieron clases de gimnasia en el colegio. Me recuerdo bien del paro de la locomoción colectiva ese año, también de que se decían pestes de Ibáñez del Campo, y en la puerta del colegio había un infante de marina con casco y fusil, una vez volví a Playa Ancha arriba de un camión que reemplazaba la movilización pública.

El año 1959, mi madre viajó a Italia con mi hermana Mirella, fue un viaje largo, interminable para un niño algo regalón. Mi padre tenía el firme convencimiento de que la salud dependía de la digestión y me daba todas las semanas unas enormes cucharadas de leche de magnesia. El resultado fue el que tenía que ser: pasé con colitis todo el año.

El colegio no me gustaba y tampoco me iba bien, solo tenía buenas notas en los ramos que me entusiasmaban: literatura e historia, el resto era un desastre, obtenía el mínimo y que correspondía al mínimo esfuerzo que hacía.

No era aquello que los norteamericanos llaman un niño "popular"; tenía pocos amigos y amigas con los que me llevaba bien y todo indica que era algo gruñón y caprichoso, es que no estaba a gusto.

Eso debe haber contribuido a una cierta introversión y a convertirme en un lector voraz. Salgari, Verne, Harold Foster, Mark Twain, De Amicis, Louisa May Alcott, Guareschi, Dickens, Stevenson.

El tesoro de la juventud, Monteiro Lobato, y gracias a un muy buen profesor haber leído la *Ilíada*, la *Odisea*, *La Eneida*, *La Gerusalemme liberata*, de Torquatto Tasso.

Leía indistintamente en castellano y en italiano, pero nada de eso se reflejaba en mi libreta de notas. La lectura era muy alentada por mis padres; en la casa había una pequeña pieza con estantes de libros que siempre estuvo llena, era una biblioteca modesta, pero no mala ya que había en ella muchos clásicos. Como dice una canción francesa: "Merci papa, merci maman".

Pero no era un niño grave, era un niño de radio. "El conejito blanco", solo de Valparaíso, cuando más chico; después, "Residencial la Pichanga", "El doctor Mortis", "Radio Tanda", "El comisario Nugget" y unos programas de la "Voz de las Américas", propios de los tiempos de la Guerra Fría.

Uno de ellos se llamaba "El capitán Silver", quien desde la goleta "La lobo del mar" recorría las costas del Caribe y América Central, combatiendo a los enemigos de América, de todas las Américas, acompañado de su fiel ayudante, Texas, y Paco, "un muchachito salvado de las aguas".

El capitán Silver era marino, inventor y guerrero. Y todos los episodios comenzaban de la misma manera...

> En un país de Centroamérica camina un hombre de terno gris, rostro adusto y gesto nervioso (toc-toc suenan los pasos). Toca un timbre (ring), entra en un edificio, sube a un elevador y marca el quinto piso (ruido del elevador). Se dirige a la puerta 502, la puerta se abre (chirrido) y él dice: "Le tengo lo que me pidió, Ivan Ivanovich Ivanov, ahora espero que me pague".
> "Te pagaré como pagamos nosotros —dice el hombre del departamento con un marcado acento ruso—, te pagaré con plomo" (bang-bang).

Otro programa era el "Ojo de águila", cuya vista traspasaba los muros, y tenía un loro llamando Andy.

Un verano caluroso, pasaron una radionovela cubana llamada "La rebelión de la juventud", pero no tenía nada que ver con revolución alguna y debe haber sido más antigua, la que provocó furor en el puerto. La daban a la hora de la siesta y se trataba de dos hermanas: una buena y una mala; la buena sufría como corresponde y la mala gozaba haciéndola sufrir. Era un monumento al género melodramático, todo el mundo la seguía ya que en la micro todos estaban con los "transistors" en la oreja; la buena se llamaba Xiomara y la mala, Olga Lidia. Una voz profunda caribeña hilaba el relato entre los diálogos, diciendo cosas como: "Olga Lidia, con toda la maldad que surgía de sus ojos color violeta…".

Quien salió más perjudicado fue un honesto jugador del Wanderers, Carlos Reinoso, quien al rematar desviado por tercera vez un domingo en Playa Ancha no solo hubo de soportar las pifias, sino que también la risotada del público cuando alguien le gritó: "Soy más malo que la Olga Lidia, mate hu…".

Mi mundo tendía a completarse, con vacaciones en la casa de mi otra tía Luchita, la que vivía en San Felipe. Ella era una amiga más joven de mi madre a quien visitábamos solo con mi madre, pues a mi padre no le gustaba el marido de la tía Luchita, quien al parecer no trabajaba y vivía de las propiedades de ella.

Parece que algo tenía eso de cierto, pero él, que había sido periodista en su juventud, era un hombre muy informado y gentil, hacía largas siestas, tomaba el aperitivo conversando con sus amigos y era un gran jugador de cartas; vale decir, tenía una agenda diaria activa y sin espacios.

Esos veranos eran serenos, lánguidos y calurosos.

Mis amigos después del éxodo del conventillo y del resto de mis amigos de primera infancia fueron sobre todo el Roly y el Erwin. El Roly era hijo de don Valentín, jubilado de Aduanas y radical, sosegado, buen amigo y muy católico, cosa que no le hacía gracia a su padre; estudiamos juntos en la universidad, hoy es abogado y nunca nos perdimos de vista. El Erwin era de familia alemana con un padre marino mercante que murió joven, él era deportista y enamoradizo, vivía con su madre y su hermana; cuando se cambió nos perdimos de vista. Los tres circulábamos libremente por nuestras casas, a cualquier hora.

Del colegio me iba a casa con Roberto Medina, amigo de la Scuola e hijo de un médico de Playa Ancha muy prestigioso; él se hizo dentista, seguimos viéndonos hasta hoy.

Solíamos irnos a mi casa a la salida del colegio más bien a jugar que a estudiar y mirábamos unas fotos de mujeres desnudas que se conseguía Roberto, eran algo rechonchas y las fotos eran algo borrosas, pero nos producían emociones inconfesables.

El domingo en la parroquia italiana debíamos confesarlas al padre Pignoni, un cura grande, de coscorrón fácil pero de buen corazón, quien nos preguntaba por los "malos pensamientos" y también por las "malas obras". En *Ayer soñé con Valparaíso*, crónicas porteñas de Manuel Peña Muñoz, me enteré de una dimensión más generosa y amplia del padre Pignoni como párroco.

El mal rato lo pasábamos en la matinal del teatro Metro, frente al parque Italia. ¿Creerán ustedes que todo lucía razonablemente limpio y sin rayados en los muros?

Fue en esos años que tuve mi primera perplejidad infantil con el fenómeno religioso. Estaba en misa con mi madre, que le daba por cantar para mi vergüenza, cuando delante veo una señora muy deforme, jorobada, desdentada, feísima que cantaba a voz en cuello: "El señor hizo en mí maravillas…", me pareció que en alguna parte había un malentendido.

Los niños no percibíamos la decadencia de Valparaíso, la ciudad nos parecía la misma; sin embargo, ya se había iniciado el éxodo de laboratorios, casas comerciales y fábricas que se aceleraría en la década siguiente.

4. Valparaíso en los sesenta

Antes de concluir su segundo gobierno y por motivos más o menos nobles, Ibáñez, en 1957, aceptó una reforma electoral que perfeccionó la democracia chilena, evitando el cohecho y la manipulación electoral.

Tal reforma incluyó el establecimiento de una cédula única oficial para las elecciones que se entregaría a los electores en la mesa de votación, las secretarías electorales deberían cerrarse dos días antes de las elecciones y se derogó la Ley de Defensa Permanente de la Democracia, con lo cual el Partido Comunista volvía a ser legal.

Al llegar los años sesenta, Jorge Alessandri Rodríguez ya llevaba dos años en el gobierno. Hombre de derecha y de imagen tecnocrática, austero en sus costumbres, serio y soltero impenitente, poco amigo de la política partidista, había prometido sobre todo enderezar la economía sin acudir a cambios inspirados, tal como dijo en un discurso de campaña, en ideas "estrafalarias".

El panorama político alineaba tras su gobierno a los partidos tradicionales de derecha, pero a mitad de camino, sintiéndose débil, debió incorporar al Partido Radical y, en consecuencia, morigerar el peso de la derecha más conservadora.

Socialistas y comunistas habían constituido a fines de los cincuenta el Frente de Acción Popular (FRAP), que había sido muy competitivo en las elecciones presidenciales, y la Democracia Cristiana aparecía como un centro emergente, moderno y reformador.

Las grandes figuras de la oposición eran Salvador Allende y Eduardo Frei Montalva.

Sin embargo, en el gobierno de Alessandri no pasó mucho; al fin y al cabo, Alessandri no cambió el tipo de modernización y siguió existiendo un Estado clientelar cada vez con menores recursos ante el crecimiento de la demanda social. La misma estructura agraria fue apenas tocada de manera simbólica, por la llamada "reforma de los maceteros", los niveles de capitalización continuaron siendo reducidos y la inflación siempre importante.

Chile siguió creciendo poco y sus niveles de desigualdad y pobreza continuaron siendo altos, seguía eso sí manteniendo una institucionalidad mayor que el resto de los países de la región, una democracia representativa en forma y niveles importantes de paz social.

Claro que comenzaba a incubar procesos que llevarían a una polarización creciente en el marco de una Guerra Fría en la cual Estados Unidos no estaba dispuesto a aceptar más sorpresas en su zona de influencia.

El giro de radicalización que había tomado la Revolución Cubana estaba generando un gran revuelo político en la región y provocó un impacto muy fuerte en la izquierda chilena, sobre todo en el Partido Socialista.

Pero todo ello era aún embrionario en la primera mitad de los años sesenta, que es cuando se sitúa nuestro relato.

Los tres primeros años de la secundaria los pasé también en la Scuola Italiana, que era un buen colegio donde solían educarse los hijos o nietos de italianos, comerciantes, empresarios medianos y algunos más grandes. Junto a ellos había hijos de profesionales chilenos con alguna relación con la cultura italiana.

Si bien hubo varias iniciativas anteriores de la colonia, la Scuola se creó en 1933 en la avenida Francia y en 1941 se construyó el edificio actual en avenida Pedro Montt, agrandándose hasta prácticamente quedar con toda la manzana y una sede mucho más pituca en Viña del Mar.

Por las fechas es fácil inferir la influencia del fascismo en sus primeros años. Dicen que en esos años los alumnos se hacían el saludo romano con los del colegio alemán; no sé si es una exageración.

Pero cuando yo asistía se habían sacado todas las trazas materiales del Duce, aunque un aire de familia quedó en su arquitectura con águilas romanas. Los cuadros contaban la historia de la antigua Roma, del Renacimiento o de la unificación de Italia.

Como director estaba don Juan Montedónico, un prestigioso educador de intachables convicciones democráticas, quien después fue un popular alcalde de Valparaíso y diputado por la Democracia Cristiana. Un hombre muy querido en el Puerto.

Mi padre era miembro del directorio de la Scuola, lo que no jugaba a mi favor, seguía sin encontrar mi lugar, era un estudiante disparejo y un niño complicado. Solo después, de adulto, cuando regresé a Chile se estableció una relación afectuosa con mis compañeros y compañeras, que resultaron ser personas muy valiosas; esa relación dura hasta hoy.

Mi desinterés por la agenda escolar era patético, hacía el mínimo, mientras seguía con pasión los cursos de historia, literatura e idiomas.

Naturalmente mis profesores no me apreciaban enormemente, y con razón. Mis intereses en ese tiempo eran la lectura, el cine, el Wanderers y los amores imposibles, silenciosos, a la distancia.

Debo sin embargo agradecer a los profesores de literatura no solo el haberme abierto a la literatura italiana, Manzoni, Dante, Boccaccio, Pirandello, Verga, Foscolo, Tasso, Montale, Leopardi, Carducci, entre otros —más tarde vendrían Calvino, Svevo y Eco—, sino que también el acercarme a veces comprendiendo a medias a los rusos Tolstoy, Dostoievski, Chéjov y algo más a los franceses Dumas, Balzac, Flaubert, Zola, Stendhal, además del siglo de oro español. Lo que iba mucho más allá del programa escolar.

También fue el periodo en que comencé a leer literatura nacional, como Blest Gana, Orrego Luco, Eduardo Barrios, Manuel Rojas, las crónicas de Edwards Bello y los poetas Neruda, De Rokha, Pezoa Véliz y la Mistral, los otros los conocí mucho más tarde.

En verdad, leía casi todo lo que caía en mis manos: Somerset Maugham, Cronin, Graham Greene, Pearl Buck, entre otros, e inicié mi largo trayecto con las novelas policiales, comenzando por Wilkie Collins.

De los latinoamericanos, devoré a Rómulo Gallegos, a Horacio Quiroga, Isaacs y Asturias. Todavía no llegaba a mis manos el llamado "Boom latinoamericano" que marcaría nuestra juventud.

Por primera vez comenzó a gustarme la música clásica. En mi casa se escuchaba únicamente música popular, de preferencia italiana o norteamericana, sobre todo gracias a mis hermanas y a un programa llamado "Discomanía", que lo comenzó Raúl Matas y lo siguió Ricardo García por Radio Minería.

Junté unos pesos y fui a la Casa Amarilla, compré *Sherezade*, de Rimsky-Korsacov; la *Obertura 1812* y *Capricho italiano*, de Tchaikovsky; también los *Nocturnos* de Chopin. Los escuché hasta que se rayaron, me emocionaban mucho.

Me convertí en un adicto al cine, Valparaíso además estaba lleno de cines. En Playa Ancha estaba el teatro Odeón, inaugurado en 1911, y el Iris, en 1912, que era de una arquitectura más ambiciosa.

Daban programas dobles y triples, ofreciendo de todo: las últimas películas de Hollywood, westerns, mexicanas, comedias musicales, románticas, los grandes directores, las películas de serie B, los grandes actores, las italianas y de pronto alguna francesa.

Iba dos o tres veces a la semana, con permiso o escapándome, pero también "bajaba" al Condell, al Valparaíso, al Pacifico, al Victoria, al Metro, al Rivoli, al Velarde, al Real, al Brasilia, que fue el último en crearse a principios de los sesenta.

Varios de ellos tenían murales en sus paredes. El Valparaíso contaba con murales que escenificaban escenas de una modernidad de los años cuarenta de buena calidad. El cine Valparaíso se había inaugurado en 1937 con estilo *art déco* y las películas se anunciaban con una campanada; tanto en el intermedio como al final se escuchaban pasajes de *Pompa y circunstancia*, de Edward Elgar.

El teatro Pacífico en el barrio El Puerto tenía en sus muros escenas de la llegada de los españoles a América Latina. En verdad, todo los grandes cines tenían unos acordes de música clásica que ponían cuando se abandonaba la sala, otros un gong o unas campanadas cuando la película iba a empezar.

Recuerdo tres tipos de noticiarios: uno era español y se llamaba NO-DO y le hacía propaganda al franquismo, lo deben haber repartido gratis, siempre mostraban una inauguración de algo por Franco: "El generalísimo Franco fue recibido por una entusiasta multitud en ocasión de la inauguración de la nueva y moderna fábrica de planchas eléctricas en Valladolid"; tampoco faltaba una procesión de alguna Virgen con tipos luciendo unas espantosas capuchas.

El chileno se llamaba Emelco, era corto y aburrido: "El Banco del Estado ha organizado para sus funcionarios una fiesta de fin de año en el estadio de la institución. El ministro de Economía les agradeció su permanente labor, no estuvo ausente la música y nuestro baile nacional. No podía faltar el tradicional pie de cueca".

Finalmente estaba el con más recursos, era el Universal International:

> El Presidente Eisenhower arribó a Manila, lo recibió en el aeropuerto el Presidente Ferdinand Marcos, acompañado de su cónyuge, Imelda Marcos, de quienes es un buen amigo.
> Se dirigieron al palacio presidencial en un coche descapotable, miles de filipinos lo ovacionaron a su paso. Una vez en palacio firmaron un nuevo tratado de amistad, para consolidar la cooperación de dos naciones importantes del mundo libre.

Pero no todo era política en este noticiero. También mostraban entretenimiento, algo más o menos así: "El calor nos ha llevado a las playas. Aquí vemos un grupo de hermosas muchachas que lucen los trajes de baños que se llevarán en esta temporada, algunos son realmente audaces… Los llaman 'bikinis'. ¡Hola chicas! Cómo están, y ahora al agua, un buen chapuzón…".

Las escenas correspondían más o menos fielmente al relato, hecho con unas voces inconfundibles.

Al teatro Avenida, que era enorme y quedaba al lado de Las Cachás Grandes, un restaurante que no era fino pero sí abundante. Se entraba por delante, por el lado del telón.

Allí vi una película antigua, *Double indemnity*, extraordinaria, dirigida por Billy Wilder, con Fred MacMurray, Barbara Stanwyck y Edward G. Robinson.

En fin, todo valía para mí si de cine se trataba, del neorrealismo italiano a Miguel Aceves Mejía, desde la Nouvelle Vague hasta

Antonio Aguilar, desde Buñuel a Cantinflas, desde Billy Wilder hasta Tarzán.

¿Por qué no hay un ramo de cine en los programas escolares? Aprendí algunas veces más en la butaca que en el banco escolar.

Lo único que me distraía de la lectura y el cine en esos años de pubertad algo solitarios y de físico ingrato era el fútbol, el que practicaba con más aplicación que talento, y sobre todo ir al estadio.

Los amores imposibles que me hacían sufrir no me llevaban mucho tiempo porque no se concretaban nunca. Frente a las niñas tenía una gran timidez, mientras más me atraían más crecía la timidez, afortunadamente poco a poco se me pasó.

Cuando cumplí catorce años decidí que tenía que producir un cambio, que había un malentendido entre el mundo y yo, por lo que convencí a mis padres de que lo mejor era irme a un internado a Santiago para concluir la secundaria.

Ellos no alcanzaban a entender el porqué; en todo caso, me dieron a elegir entre el Seminario y la Escuela Militar.

Todavía era creyente pero ya andaba trastabillando en materia de fe y la castidad no era lo mío.

La Escuela Militar jugaba un papel de gran liceo en esos tiempos, así que en febrero de 1963 estaba formado en el patio Alpatacal, tratando de lucir lo más marcial posible. No tardé en descubrir que si el convento no era mi vocación, tampoco lo sería la milicia. Pero me quedé dos años y me habría quedado un tercero si no hubiera surgido un viaje a Italia que me pareció irrenunciable.

Sin embargo, sería injusto considerar mi paso por la Escuela Militar como algo negativo. Es verdad que no lo pasaba bien la mayor parte del tiempo, pero me obligó a estilizarme físicamente, a adquirir mayor seguridad en mí mismo y, sobre todo, a conocer un Chile que yo no lograba percibir desde mi mundo porteño.

Conocí muchachos de todas las regiones y de distintas posiciones sociales, aunque la mayoría de mis compañeros pertenecían a medios sociales parecidos al mío, también los había de sectores más altos o que pretendían serlos y otros provenían de hogares más modestos, para quienes entrar a la Escuela significaba un paso ascendente de movilidad social.

Los que veníamos de provincia éramos mirados por los capitalinos con ciertas condescendencia, como unos Martín Rivas de Blest Gana. El otro corte que se producía era de quienes venían de la "familia militar", quienes se sentían en casa pues sabían todos los códigos; dentro de la familia militar había diferencia entre los hijos de oficiales y los hijos becados de suboficiales que eran de origen más popular. Comencé a ver expresiones de diferenciaciones sociales que contaban mucho.

Para mí todo eso era nuevo. En mi experiencia de infancia en Valparaíso, claro, los pobres existían y muchos, y había también chilenos que no eran pobres, pero nos unía el barrio.

Siendo mi familia italiana trasplantada en sus hábitos, escolaridad y referencias culturales, el que hubiera una aristocracia chilena me resultaba algo vivencialmente extraño, y me producía indiferencia. Era como hablar de algo que existía en los libros, algo lejano, como una aristocracia nepalesa, vale decir, nobleza más bien exótica y periférica, la única aristocracia de verdad para mí era la europea. Las otras eran ahí no más, incluida la chilena.

Claro, era un pensamiento bastante extraño, pero era el año 1963 y yo tenía catorce años.

Me puse de cabeza a estudiar historia de Chile y a tratar de comprender bien palabras, dichos, sarcasmos que componían un tejido social mucho más complejo del que yo había experimentado hasta el momento.

En cierto sentido, aunque tengo una relación muy fuerte con Italia y me precio de poseer un espíritu cosmopolita, puedo decir que en la Escuela Militar completé mi sentido de pertenencia al Chile real.

Mi paso por la Escuela Militar no tuvo nada de extraordinario: fui un cadete gris, de la medianía, en lo escolar no cambié mucho, estudiaba lo suficiente para que no me dejaran sin salir el fin de semana por malas notas y funcionaba con la teoría de la invisibilidad, en el medio del pelotón, sin destacar ni para bien ni para mal, no dejé ninguna huella, pero me castigaron muy poco.

Me emocionaba desfilar y soportaba bien la instrucción militar, naturalmente prefería la parte histórica y teórica.

Con el tiempo establecí una pillería y un negocio de trueque. La pillería era inscribirme en dos deportes y no asistir a ninguno para escaparme a la biblioteca, que era muy buena y poco visitada, la dirigía un señor de apellido Almarza que me recibía sorprendido y amablemente. Allí entre tantos libros leí uno de Eduardo Barrios, *Un perdido*, que era la historia de un cadete a quien la vida devora y destruye; como tenía una visión atormentada de mi futuro me impresionó mucho.

El negocio de trueque consistía en hacer gran cantidad de resúmenes de libros e intercambiarlos con mis compañeros, por cosas como el lustrado del casco, el peinado del penacho, el lustre de las botas y todo aquello que debíamos tener impecable para las revistas que son una manía generalizada entre los militares.

Hice buenos amigos y la familia de un compañero, Fernando Esquivel, me acogió jugando el papel de apoderados en Santiago. El padre de mi amigo, Osvaldo Esquivel, era un médico de la policía muy importante en la historia de la criminalística chilena, muy bonachón y sus historias de crímenes y sangre eran entretenidísimas.

Una vez nos contó que en un sitio del suceso se había producido la siguiente situación: Una persona se había suicidado arrojándose de un cuarto piso en un caserón, convertido en un conventillo, lo hizo arrojándose por el patio de luz. Pero el patio de luz lo habían convertido en una pieza poniéndole un techo de pacotilla y allí dormía un tipo al que le calló el suicida al lado, en su cama.

El *shock* fue terrible, y salió gritando "terremoto", "terremoto". Cuando llegó la policía para levantar el cadáver el tipo seguía gritando terremoto.

Trataron de convencerlo sobre lo sucedido, él escuchaba calmado en silencio, y solo después de mucho rato les dijo: "El pobre no debe haberse querido suicidar, se debe haber caído por culpa del terremoto".

El ejército chileno de esos años vivía de lleno en un periodo de segregación militar que había surgido en Chile después de la dictadura de Ibáñez, a partir de 1932, con la elección de Arturo Alessandri Palma, cuando se puso fin al período turbulento de la configuración del Estado de Compromiso, período en el cual la intervención militar fue muy frecuente y terminó desacreditada.

Los partidos políticos en el período institucional adoptaron una posición civilista y aparentemente dejaron de golpear las puertas de los cuarteles, incluso durante un tiempo se crearon "milicias" de distinto signo hasta de los más conservadores.

En un ensayo de Mariana Aylwin e Ignacio Álamos, *Los militares en la época de Don Arturo Alessandri Palma*, se señala:

> Las llamadas milicias republicanas, en el segundo gobierno de Alessandri (1932-1938), llegaron a contar con más de 20.000 hombres armados que poseían, incluso, un escuadrón de motocicletas, varios cuerpos de caballería y una escuadrilla aérea, contaban con el apoyo entusiasta de la mayoría del Congreso y de mucha opinión pública expresada en la prensa a través del *Diario Ilustrado*, *El Mercurio*, *El Imperial*, *La Unión de Valparaíso*, *La Nación*, *Las Últimas Noticias*, etc., y de personas vinculadas al Partido Conservador y al Partido Liberal.

La separación de las Fuerzas Armadas respecto a la sociedad fue muy acentuada, lo que se interpretaba con cierta ingenuidad como una feliz subordinación de estas al poder civil.

La realidad era harto más compleja, pero el mundo civil se hacía el distraído y prefería no enterarse.

En la matanza del Seguro Obrero, el alzamiento de los nacistas, estuvo ligado a un complot militar alentado por Ibáñez que después no se realizó. Pagaron los muchachos.

Hubo episodios contra el gobierno de Pedro Aguirre Cerda, el "Ariostazo", y el de la "Línea Recta" en los años cincuenta. Más adelante en el tiempo estuvo el alzamiento del general Viaux en el regimiento Tacna contra el Presidente Frei Montalva en 1969. La lista transversal de políticos que miraron con cierta simpatía ese alzamiento es mejor olvidarla piadosamente.

En verdad, el ejército chileno se sentía descuidado, mal pagado mal armado y en su interior se anidaba un cierto resentimiento hacia el mundo civil y, sobre todo, el mundo político. Si bien ello no aparecía en los actos oficiales ni tampoco en la formación escolar que recibíamos, sí se desarrollaba en una cultura cotidiana en la que la palabra "paisa" (civil) se usaba en ocasiones como una expresión despectiva.

De otra parte, la Guerra Fría tronaba en América Latina y comenzaban a regresar oficiales formados en la zona del Canal de Panamá que traían el discurso del enemigo interno y de la Doctrina de Seguridad Nacional. Muchos oficiales de alta graduación no usaban ese lenguaje, pero personajes como Raúl Iturriaga, el "Chico Iturriaga" —en ese entonces teniente a cargo de mi sección, hoy preso por graves crímenes contra los derechos humanos—, sobresalía por el espíritu de "comando".

No era sin embargo un ejército fatalmente destinado a ser golpista. Lo que conocimos después fue producto de la exacerbación de la polarización política del mundo civil, de una democracia que se fue quedando sin defensores y que se precipitó en una tragedia antidemocrática.

A ello contribuyó el resentimiento de esa segregación, que terminó prevaleciendo cruelmente y marcó los años oscuros de la dictadura.

Mis compañeros eran muy diversos entre sí, algunos muy pelusas como el editor Pablo Dittborn, otros muy serios como el científico político Carlos Huneeus, quienes estaban un curso más arriba al igual que Juan Emilio Cheyre, que fue el primero del curso desde siempre, era muy correcto y tenía una fuerte vocación militar.

La mayoría se iba a la universidad y me imagino que por eso la Escuela dejó de recibir cadetes a mitad de la secundaria.

Entre mis compañeros de curso estaban Miguel Krassnoff y Germán Barriga, quienes cometieron crímenes horrendos. Entre sus víctimas hubo gente con vidas ajenas a cualquier acto de violencia a quienes conocí por años y les tenía afecto.

Germán Barriga era un adolescente tranquilo, sencillo y modesto, dado lo cual nada indicaba que llegaría a ser un malhechor. Terminó suicidándose. ¿Qué lo llevó a eso?, me hizo pensar en el concepto de la "banalidad del mal", de Hannah Arendt.

Lo de Krassnoff no me llamó en absoluto la atención. Era un matón de pocas luces desde muy joven, después conocí su historia familiar, desde su famoso abuelo liberado en Petrogrado, quien juró retirarse pero se convirtió en un importante líder de las tropas blancas cosacas, y su padre, que ingresó a Rusia con las tropas alemanas, cayó prisionero después de la derrota del Reich y fue ejecutado. Era una historia familiar de violencia y de tragedia; me lo confirmó Claudio Magris, el gran escritor italiano y quien conoce bien la historia de sus ancestros.

La dictadura fue para sus odios acumulados un regalo de los dioses.

La formación que nos entregaban los profesores civiles era de buena calidad y hasta de un cierto pluralismo en lo filosófico y lo histórico. Fue en actividades de la Escuela que vi "Esperando a Godot", de Samuel Beckett, y grandes filmes como "Lawrence de Arabia", dirigido por David Lean.

Los cadetes que vivíamos en Valparaíso, como mis amigos Vicente Garzo y Jaime Iturra, salíamos corriendo los sábados a mediodía para irnos al Puerto en buses y taxis colectivos.

El sábado era magnífico y la alegría duraba hasta el almuerzo del domingo, ahí al menos a mí se me caían los ojos y comenzaba a pensar en el regreso.

Así pasaron esos dos años en que se fue Alessandri y llegó Frei Montalva. Me correspondió estar en la formación que le rindió honores a De Gaulle en Rancagua y a Tito en Santiago; me emocionó ver de cerca la curiosa estampa de De Gaulle, pues ya sabía que era un grande del siglo XX.

Para Tito desfilamos un día de lluvia, usamos el casco prusiano en punta y lo saludamos con los acordes de Radetzky. Debe haber sido curioso para él viajar al fin del mundo para encontrarse con uniformes demasiado parecidos a los que combatió.

Emilio Cheyre padre, quien era director de la Escuela cuando me retiré para acompañar a mi curso de la Scuola italiana de Valparaíso en un viaje de estudios a Italia, fue gentil y comprensivo, más que cuando me castigó por andar con el pelo largo.

Ese viaje marcaría mucho mi futuro, ya que si la Escuela Militar me había abierto a un Chile que no conocía, el viaje me haría descubrir el mundo.

Fue muy bello salir de Valparaíso, alejándose lentamente del anfiteatro de la bahía. Eran los últimos barcos de línea para pasajeros, el Verdi, el Donizetti y el Rossini. No me recuerdo en cuál de ellos viajé.

Así comenzó el año 1965. Entonces, el viaje que desembarcaba en Nápoles era largo, veintiocho días a la ida y lo mismo al regreso, se desembarcaba en Iquique, Callao, Guayaquil, Buenaventura, Cartagena, Balboa (Panamá), La Guaira (Caracas) Curazao, Tenerife, Barcelona, Niza, Génova y finalmente Nápoles.

Para mí fue una fiesta, me gustaba navegar, tenía "pie marino" y no me mareaba "la mar gruesa". Por un momento pensé en ser marino, pero no se me ocurrió qué oficio podría haber desempeñado arriba de un barco, al menos ninguno para el que tuviera alguna habilidad.

Aunque América Latina atravesaba años de fuerte crecimiento en ese entonces albergaba mucha pobreza. La miseria que vi en algunas ciudades de la Costa del Pacífico era mayor, más indigna que la que conocía en Chile, los cortes étnicos de esa indigencia eran más profundos y algunas ciudades como, Guayaquil y Buenaventura, carecían de estructuras básicas de alcantarillado y agua potable; tan solo en África años más tarde vería situaciones similares.

Cartagena en Colombia todavía no había sido rescatada patrimonialmente; por su parte, las diferencias entre la zona de los estadounidenses en el Canal de Panamá y los barrios de la vieja ciudad eran dos mundos con su propio muro.

Caracas también era muy desigual, un país petrolero donde las zonas ricas eran como ciudad del futuro y los barrios pobres en las colinas eran miserables.

El colegio italiano de Caracas respondía a los cánones de una emigración italiana enriquecida; nos mirábamos entre nosotros en un baño de realismo para constatar lo pichiruches que éramos los descendientes de italianos de Valparaíso.

Barcelona era la ciudad moderna de la España franquista y, claro, era más patrimonial y había menos pobres a primera vista de lo que conocíamos en nuestra región, pero después cuando pasamos por Niza e Italia nos dimos cuenta de que estaba muy lejos del resto de Europa. La gente vestía más modestamente y los hombres usaban gomina y bigotitos recortados como jugadores de fútbol chilenos en los años cincuenta.

Tuvimos solo un día para recorrerla ya que el barco zarpaba a medianoche. Después de recorrer la ciudad nos fuimos a una suerte de taberna cerca del puerto donde se podía ver en una televisión pequeña y de pantalla brumosa un partido que justo coincidía entre Real Madrid y Barcelona, comimos y bebimos más de lo aconsejable.

Volvimos un poco a tumbos a tratar de encontrar el barco, encontrábamos que todos eran muy parecidos y ya nerviosos les mirábamos los nombres. Cuando finalmente llegamos sentimos un gran alivio. Nos retaron todos, los policías españoles, los oficiales, del barco y los profesores que nos acompañaban.

Soportamos con rostros contritos el chaparrón.

Italia estaba en pleno milagro económico, pues lucía próspera y serena. La parte oscura de la primera República, de corrupción, de la no resuelta cuestión meridional, de la relación entre mafia, política y dinero, aquello que más tarde se llamaría *tangentopoli*, todavía no salía a la luz y el terrorismo no estaba en el horizonte.

La recorrimos en gran parte, fue un baño de belleza y de cultura. Por fin ver grandes catedrales, palacios, Venecia en invierno, los museos, ir a la ópera en el San Carlos de Nápoles, pasear por Roma.

Cuando llegamos a Turín me dejaron por dos días con mi familia, la cual era gente agradable, cariñosa y el milagro italiano los tenía prósperos, las segundas generaciones eran profesionales. A mis abuelos les quedaba todavía mucha cuerda.

Parece que mi italiano tenía un poco de acento sureño, ya que me había marcado una profesora napolitana, la señora Scognamillo. Cuando empecé a hablar mi abuelo, que estaba lleno de prejuicios, me interrumpió para decir con su gutural acento piamontés: *Questo parla come un africano*, seguramente para él África empezaba en Roma.

Dicen a propósito que cuando los Saboya trasladaron el trono a Roma plantaron palmeras, pues creían que era lo adecuado a esos climas.

En verdad yo tuve tres Italia.

La primera en Valparaíso en mi hábitat familiar y escolar, que adquirí naturalmente; la segunda deslumbrante en ese viaje adolescente, y la tercera sería la del exilio de mi formación intelectual y democrática, de los encuentros con grandes personajes constructores de la Italia contemporánea.

El camino de Italia es uno que viene de muy lejos: cristalizadora de civilización, generadora de ordenamientos universales de una parte y de otra tierra fragmentada por duras y largas dominaciones; podría haber caído en un cansancio definitivo.

Ese cansancio que explica la magnífica novela de Giuseppe Tomasi di Lampedusa, *El Gatopardo*, a través del príncipe siciliano Don Fabrizio cuando el piamontés Chevalley de Monterzuolo, delegado del Reino de Italia todavía en formación, le propone ser senador.

El príncipe se niega gentilmente y le dice: "Somos viejos, Chevalley, viejísimos. Son al menos veinticinco siglos que llevamos en nuestras espaldas el peso de magníficas civilizaciones", y agrega: "El sueño, querido Chevalley, el sueño es lo que quieren los sicilianos y ellos odiarán siempre a quienes los quieran despertar aunque sea para traerles los más bellos regalos y que quede solo entre nosotros que tengo grandes dudas de que el nuevo reino tenga muchos regalos para nosotros en sus valijas".

Las palabras del príncipe, que trasuntan escepticismo, podrían también parcialmente ser válidas para toda Italia, dividida y ocupada durante siglos, escenario de guerras donde se jugaba el equilibrio político de toda Europa pero al mismo tiempo capaz de producir nada menos que el Renacimiento, el primer pensamiento político moderno con Maquiavelo, abrir caminos a nuevos mundos y entregar belleza a raudales.

En el siglo XX tuvo que levantarse de dos guerras mundiales y del fascismo para transformarse en una democracia moderna, social y desarrollada. Hoy, como toda Europa, atraviesa momentos difíciles, ojalá su genio histórico la ayude a superarlos.

Esas tres Italia son parte junto a la identidad chilena y otras que se fueron agregando en el camino, como mi relación con

Francia. Son pertenencias que han construido en mí una identidad cultural compuesta, abierta y curiosa, que vivo sin conflictos y que me mantiene lejos de nacionalismos estrechos y cada vez más distante de fanatismos e integrismos.

Pero volvamos a la lejana adolescencia viajera que dio origen a esta reflexión.

El regreso a Chile se complicó. La vida en esos barcos era una fiesta permanente para un grupo de adolescentes, faltaban horas para pasarlo bien y flirtear a gusto. En el barco venía un grupo de bailes folclóricos yugoeslavos, todos de muy buen ver y que provocó estragos en nuestras filas; varias niñas y varones entramos en trance.

Nuestros profesores, que eran jóvenes también a fin de cuentas y con más oportunismo que integridad pedagógica, quisieron intervenir y prohibir el intercambio chileno-yugoeslavo.

Durante el tiempo que estuve en la Escuela Militar había despertado al amor romántico con gran entusiasmo y una atracción particular por niñas más grandes. Así que la prohibición me indignó y me opuse a la moralina.

Se armó una rosca que tuvo como resultado mi aislamiento total del grupo, sin ninguna ventaja, pues mi amiga bailarina se bajó en Caracas junto a todo el conjunto artístico.

Regresamos a Valparaíso un sábado y el domingo se organizó una reunión para expulsarme. Durante la reunión bastante solemne y grave se produjo una situación propia de comedia italiana: empezó un terremoto, lo que terminó con acusadores y acusado en medio del patio, todos algo pálidos tratando de mantener la compostura, los rostros solemnes lucían más bien asustados y el enojo había cedido paso a una suerte de complicidad momentánea frente a la fragilidad humana. Pasado el terremoto me expulsaron igual.

Mi padre lo pasó muy mal, mi madre me defendió como leona con argumentos que hoy se considerarían más bien machistas.

Finalmente terminé haciendo el último año de secundaria en el Liceo Eduardo de la Barra, el colegio histórico de Valparaíso, lo que fue una gran suerte.

Tenía que reivindicarme y para ello tomarme en serio la actividad escolar. Lo hice y coincidió que el sexto año de letras (lo que corresponde al actual cuarto medio) era muy especializado y hasta los ramos científicos tenían un enfoque humanístico; fue una maravilla, los profesores eran de gran calidad y reinaba una atmósfera de libertad que desconocía. Había academias de historia y de literatura. Fue un año magnífico en un liceo público que en esos años era un gran colegio.

El liceo había sido inaugurado en 1862 y todavía estaba en la vieja casona en calle Colón, lucía viejo y desgastado pero el muro que daba a la calle conservaba una cierta nobleza y su portón de entrada era imponente.

En él habían estudiado Joaquín Edwards Bello, Camilo Mori, Alberto Edwards Vives y Salvador Allende, entre otros. Entre quienes habían sido profesores estaba Diego Dublé Almeyda y Gonzalo Rojas.

Entré muy tarde en el mes de abril y me incorporé a un curso que tenía fama de complicado por el mal carácter del profesor jefe, don Florencio Valenzuela, profesor de Castellano y autor de una de las antologías de literatura más utilizadas. Tenía fama de ser muy severo y algo arbitrario.

Ángel Botto, conocido abogado y dirigente del fútbol, wanderino hasta la médula, tuvo que cambiarse de curso porque lo descalificaba constantemente. Como Ángel era bombero le decía: "Te lo pasas en la bomba", y le bajaba las notas.

En la primera clase creí que iba a correr una suerte similar. "De dónde vienes", me preguntó. "De la Escuela Militar, señor", respondí. "Me cargan los milicos", comentó.

Sin embargo, las cosas fueron muy diferentes. En verdad yo me aplicaba mucho después del desaguisado del viaje y me iba muy bien en todos los ramos.

No recuerdo haber tenido ningún profesor mediocre. Aprendí rudimentos de filosofía con un profesor también de apellido Valenzuela, quien nos hizo leer a Platón, Aristóteles, Descartes y Erasmo en directa; también aprendí mis primeras nociones de economía, con el libro de Pinto y Fredes.

El ambiente era laico y de una composición interclasista. Carvajal llegaba comiéndose un pan batido después de haber estado desde la madrugada amasando en una panadería en la que trabajaba y Prieto venía desde Viña en un Fiat 600.

Don Florencio era implacable. Entre mis compañeros de curso estaba Herrera, un muchacho alto y gordo, simpático y chapucero, era radical y presidente del centro de alumnos.

Don Florencio nos había hecho leer unos cuentos de Lafourcade y le pidió a Herrera que hiciera un comentario sobre un cuento que tenía como escenario a Venccia.

Seguramente Herrera algo había ojeado del cuento, pero pasó adelante como si lo hubiera leído a fondo.

—El cuento se desarrolla en Venecia, señor, en una plaza llamada San Marco, donde revoloteaban multitudes de prostitutas.

—¿Qué? —exclama Don Florencio, sobresaltado.

—Bueno, el autor usa una conocida metáfora llamándolas palomas —responde Herrera, poniendo una sonrisa picaresca y rostro cómplice.

Don Florencio, estalla, rojo de ira.

—Anda a sentarte, cochino, mal pensado, ignorante, la plaza San Marco es famosa porque hay muchas palomas, de las que vuelan, tontorrón. Nota uno, sinvergüenza —todo ello mientras aleteaba como una paloma.

Don Florencio vivía también en Playa Ancha y me exigía un siete de promedio y ganar el premio de mejor alumno del liceo. Tuve 6,9 y me gané el premio.

Los sábados en la tarde, en ocasiones, me invitaba a tomar "onces" con su familia y después íbamos al Teatro Municipal de Viña, con él vi *El círculo de tiza caucasiano*, de Bertolt Brecht, actuado por el Ituch; también *Santa Juana*, de Georges Bernard Shaw, donde quedé deslumbrado por la actuación de Marés González y de Roberto Parada en su papel de obispo.

Vimos también *El diario de un loco*, de Gogol, actuado por la Compañía de las Cuatro, de los hermanos Duvauchelle y Orietta Escámez, con una actuación increíble de Humberto Duvauchelle.

El teatro chileno tenía buenísimos actores y todavía no existía la costumbre de las obras "de creación colectiva"; era teatro de autor, con dramaturgos tanto del teatro universal, como chilenos que producían obras de calidad.

Quizás lo único malo en el teatro chileno era la persistencia exagerada de una escuela de impostación de la voz, lo que generaba un estilo distinto a como hablan los humanos en la vida real, más engolada, pero con el tiempo eso se ha ido superando. Nadie dice algo así: "Hum, vaya, vaya, estamos en Berlín, respiremos el encanto de los tilos" o "Recuerdas el huerto de tía Graciela, je, je, qué maravillosos albaricoques producía, jo, jo, jo".

Los profesores conversaban con nosotros, nos indicaban lecturas e íbamos a sus casas para hablar de libros. Recuerdo una larga conversación sobre la historia de Italia con Marcelo Blanc, mi profesor de historia en su departamento frente a la plaza Victoria.

A don Florencio le decían "Paulita" o "La Paula", no tenía nada que ver con confusiones de género, era por su obsesión por el cuento de Federico Gana, un gran cuento, que comienza de manera extraordinaria con las palabras: "¿Llueve Paulita? Le preguntó, abriendo los ojos cargados de sueño". Todos los profesores tenían sobrenombre, pero también gozaban de respeto.

Fue un año de lecturas, amistades, romances, mucho cine y mucho Wanderers.

Por primera vez salí a una manifestación callejera contra la invasión norteamericana a Santo Domingo. Lo social y lo político comenzaba tímidamente a interesarme.

En castigo por mis granujerías marítimas mi padre no asistió a mi premiación en el liceo y me temo que desalentó toda presencia familiar. Fue duro, pero qué diablos, le pasé mis premios al Rucio Caballero, hoy obispo mormón, para que me los llevara a casa y me fui a Laguna Verde, a casa de mi amigo Jaime Iturra, cuyo padre era el jefe de la planta eléctrica a carbón que alumbraba Valparaíso sobre todo cuando había sequía. El pueblo rodeado de parajes muy bellos era en parte una población obrera que giraba en torno a la planta, un balneario popular los fines de semana, algunas casas de veraneo y cierta actividad agrícola.

Todo muy rupestre, el lugar social era la posada, una especie de fonda permanente, donde reinaban los corridos mexicanos.

Celebré entonces con la familia Iturra, pero no me aparecí por casa hasta varios días después.

Estaba como se suele decir en Chile "sentido". Este es el único país en el mundo donde la gente se siente; sentirse no es estar propiamente enojado o haber roto relaciones, es quedar en un cierto suspenso melancólico porque te hicieron algo "que no corresponde", "desconsiderado", que no te tomaron en cuenta como era debido y lo demuestras con una cierta lejanía o indiferencia, hasta que el otro se dé cuenta y haga un gesto de reconocimiento. ¡Cosas de chilenos!

Ese año, cuando Valparaíso llegaba a la mitad de los sesenta, su caída era lenta pero continua. Todavía el puerto, la aduana, la marina y las universidades generaban un cierto dinamismo vital, la industria y el comercio ya no lo hacían.

Con el gobierno de Frei Montalva las cosas comenzaron a moverse, se hizo potente un impulso público por mejorar la situación de los más pobres. Playa Ancha se extendió hacia arriba con mayor mobiliario urbano, pavimentación y se comenzaron a construir viviendas sociales. Se dinamizaron instituciones de apoyo popular, como la "Corporación de la Vivienda", y se creó la "Promoción Popular".

El cuadro político del puerto correspondía a la correlación de fuerzas existente en el país: un Frente de Acción Popular que aparecía sólido, con fuerza electoral, un Partido Comunista bien implantado al igual que el Partido Socialista, un Partido Demócrata Cristiano en continua expansión y una derecha con sus partidos debilitados, pero con un líder fuerte, el empresario de la zona Pedro Ibáñez Ojeda, llamado "Cachimoco" por sus adversarios.

En esos años muchos líderes políticos tenían sobrenombres que les ponían los periodistas o los adversarios. Parece que lo de "Cachimoco" surgió de una acusación del senador a unos periodistas; cachimocos se les llamaba a los niños acusetes. A Carlos Altamirano le decían "Mayoneso", por sus posiciones radicales, apodo proveniente de los "locos con mayonesa", y así había muchos más. Claro que no eran agradables para los portadores, pero tenían algo de *bon enfant*.

Muchos de los líderes políticos tenían reconocimiento nacional, como era el caso del comunista Luis Guastavino, el socialista Antonio Tavolari, el democratacristiano Benjamín Prado y el radical Luis Bossay.

Lo que pasaba en Valparaíso todavía tenía un cierto impacto nacional.

El documental *A Valparaíso* (1963), del famoso documentalista holandés Joris Ivens, muestra la seducción que provocó la "ciudad disparatada" al artista, quien refleja una ciudad original, atractiva, poética, pobre, en la cual está siempre presente el mar, a la que se le nota que tiene más pasado que futuro, más mito que proyecto.

Curiosamente la película de Aldo Francia *Valparaíso mi amor* (1969), con música de Gustavo Becerra y una gran actuación de Sara Astica, cuyo argumento se desarrolla en torno a un acontecimiento de crónica roja, nos muestra seis años después un Valparaíso casi idéntico, parecía que nada o muy poco se había movido; la película parece contemporánea al documental. Todo se parece, incluso la pobreza y la belleza decaída.

No es casualidad que Valparaíso haya resultado tan atractiva a los poetas y, sobre todo, a poetas bohemios.

Neruda tiene una larga historia de amor con Valparaíso, pasó parte de su clandestinidad cuando era buscado por el gobierno de González Videla en Valparaíso, escribió mucho en Valparaíso, se enojaba con la ciudad y tenía amigos muy cercanos en el puerto. Su relación con el mar, relación fuerte e importante, no solo pasa por Isla Negra, también pasa por Valparaíso.

Desde 1959, el poeta andaba buscando una casa para comprar en el Puerto, por lo que les pidió a sus amigos que le encontraran una casa que naturalmente él se encargaría de darle su sello de coleccionista juguetón. Les dijo que la necesitaba "para escribir tranquilo, sin que me molesten". Finalmente apareció la "Sebastiana", la cual había pertenecido a un español que la quería para él, pero lo sorprendió la muerte; lo mismo le había pasado a Baburizza con su palacete.

En 1961 la inauguró: cuatro pisos delgados y amontonados, unidos por una escalera estrecha en el cerro Bellavista con una vista muy bella a la bahía.

Sara Vial dejó en diversos escritos muchos retazos de la vida del nuevo vecino de la ciudad, de sus cenas en el restaurante Menzel, las libaciones del "club de la bota", de sus búsquedas de cachivaches antiguos en el anticuario "El Abuelo", en Independencia cerquita del parque Italia.

Su "Oda a Valparaíso" refleja esa relación profunda: "Qué disparate / eres, / qué loco, / puerto loco, / qué cabeza / con cerros, / desgreñada, / no acabas / de peinarte, / nunca / tuviste / tiempo de vestirte, / siempre / te sorprendió la vida…".

Le declara su amor, pero al mismo tiempo le advierte sus derechos de amante, en *Canto general*: "Que se entienda, te pido, puerto mío, / que yo tengo derecho / a escribirte lo bueno y lo malvado / y soy como las lámparas amargas / cuando iluminan las botellas rotas…".

Aunque lo escribió hace muchos años, refleja perfectamente la rabia y el sentimiento de impotencia que sentimos hoy muchos porteños cuando dice, también en *Canto general*: "Valparaíso, rosa inmunda, / pestilencial sarcófago marino".

Pertenecí a la última generación que dio bachillerato. Rendí el de la Universidad de Chile y el de la Católica de Valparaíso, me fue bien en ambos y quedé admitido en las dos escuelas de Derecho.

Me fui a la Católica de Valparaíso porque me pareció más acogedora la entrevista del director, un señor Le Roy, fundador de la Falange en Valparaíso.

Ingresé a Derecho siguiendo ese discurso muy en boga en esos tiempos de que estudiar leyes, aunque no se ejerciera después de abogado, era útil para abrir muchos caminos.

En verdad, me sentía atraído por una idea difusa que tenía de las ciencias sociales y las humanidades, e imaginaba mi vida profesional ligada a la docencia en el ámbito universitario.

El primer año de Derecho anduvo más que bien, incluso me gustó derecho romano, que era la bestia negra de los estudiantes de Derecho.

El segundo año me gustó menos, ramos como derecho procesal no me interesaron en absoluto.

Pero hice de tripas corazón y obtuve buenos resultados. Ese año fue el año de la reforma universitaria.

El año 1968, como resultado de ese proceso, se creó el Instituto de Ciencias Sociales y Desarrollo, que abrió un concurso para "formar investigadores en casa", quienes después debían proseguir sus estudios de posgrado en el extranjero. Para esos años en Valparaíso era algo muy nuevo.

Se requería para postular haber cursado con éxito dos años en la universidad en una carrera relacionada con ciencias sociales. Siendo un programa experimental quedé entre los siete admitidos después de un riguroso examen.

Teníamos un equipo de profesores de gran calidad, nos pusieron a estudiar inglés, bien, y matemáticas ¡horror!, nos interrogaban en todas las clases, pero obtuvimos una formación de base en sociología, ciencias políticas y economía, de la cual quedé agradecido de por vida.

A mis profesores les parecía natural darnos de leer artículos en inglés de treinta páginas de un día para otro y a nosotros eso nos hacía sentirnos bien.

En mi experiencia de profesor universitario en Chile y en Europa he tenido en general suerte con mis alumnos y una respuesta más que aceptable; no conozco la experiencia de hacer clases con alumnos desinteresados, debe ser una horrible experiencia.

Sin embargo, he notado cada vez más una resistencia al esfuerzo; bastan quince páginas de lectura de una clase a otra en su idioma nativo para que se crispen los rostros con aire ofendido o se produzcan movimientos de desmayo, cuando no expresiones de injusticia. Pedir lecturas en otro idioma es considerado una agresión y no solo en primer grado, en ocasiones también sucede en posgrado.

Sinceramente, no lo señalo por ese tic de los viejos de pensar que todo tiempo pasado fue mejor.

Planteo el punto porque, en estos tiempos de justa expansión de los derechos, conviene recordar que para que tales derechos reclamados con justicia puedan mejorar el proceso educativo y rendir frutos deben ser acompañados de esfuerzo, obligaciones, deberes, de orgullo por enfrentar con seriedad desafíos intelectuales, solo así podrán contribuir a la construcción de un país y un mundo mejor.

Si eso no va de la mano, todo se quedará en gritos, eslóganes y una buena dosis de patanismo.

Pero volvamos al relato. Lo más importante que me sucedió en esos años fue mi ingreso a la militancia política. Un nutrido anecdotario del movimiento estudiantil de aquellos tiempos ya lo he contado en mi libro *El viaje rojo*. Me concentraré, con vuestra venia, más bien en el ambiente porteño de aquellos años, el Valparaíso donde esos acontecimientos transcurrían.

Al poco tiempo de ingresar a la universidad, apenas había tenido un mes de clases, nos cambiamos al centro de Valparaíso, Playa Ancha quedó atrás. Ante cualquier insinuación de mi padre por cambiarnos a Viña, mi madre se opuso rotundamente. "Me gusta vivir en Valparaíso", dijo, y así se hizo.

Mirella, la menor de mis hermanas, se casó al poco tiempo, las mayores ya lo habían hecho, quedé solo con mis padres.

Nos fuimos a la avenida Brasil casi frente al Arco Británico, a un edificio que había sido construido por la Mutual de la Armada, imagino que a fines de los años cuarenta, parecido a los edificios antiguos de Providencia o del barrio cívico.

El departamento había pertenecido a un señor de apellido Cori, quien lo habitó hasta su fallecimiento.

El señor Cori había sido el dueño de la primera "tienda por departamentos", las antecesoras de los *malls*, que quedaba en Calle Condell y que cuando niños nos asombraba como una expresión de modernidad. En las Navidades tenía un viejo pascuero y era ahí donde nos compraban los regalos, me imagino.

Su publicidad decía: "¿Le doy un dato? Cori vende barato".

La calle Condell era considerada elegante, había todo tipo de tiendas: la zapatería Mingo, la Casa Ilse, la botica La Unión, frente a la fuente Neptuno de la plaza Aníbal Pinto. Poco y nada queda de todo aquello.

La publicidad en aquellos años parecía hecha por aficionados o creativos familiares. Una de ellas decía: "La Mendocina, la madrina del hogar porteño", otra señalaba: "Hoy y toda la vida, Casa Michaely liquida". "Se casaron y con muebles La Mundial su casa amueblaron". Otros eran pretenciosos: "Café Riquet: el punto de reunión de la sociedad". Como se ve, creativos, creativos, no eran, pero sí entrañables.

La calle Condell se llamó primero San Juan de Dios y adquirió el nombre de Condell después de la Guerra del Pacífico. Fue una calle elegante, cuyas tiendas tenían productos que podían competir con una calle europea, y junto con la calle Esmeralda eran el centro del centro de Valparaíso a fines del siglo XIX. Condell desembocaba con señorío en la plaza Victoria.

La plaza Victoria en el siglo XVIII era una playa donde antes habían rondado lobos marinos, después era el lugar de donde partían las carretas a Santiago.

En 1819 tomó el nombre de plaza Nueva y por un corto tiempo fungió como plaza de toros; cuando se prohibieron las corridas en 1823 pasó a llamarse plaza Orrego, con una directa vista al mar. Se utilizaba en ocasiones como patíbulo: ahí entregaron el alma el coronel Vidaurre y el capitán Florín, sindicados como victimarios de Portales, después de ser derrotados en la batalla de Barón por Blanco Encalada.

Ella tomó el nombre actual luego del triunfo de la batalla de Yungay y, paso a paso, se transformó en una bella plaza con árboles magníficos y esculturas de valor, con momentos terribles como los del terremoto de 1906, pero recuperándose más tarde. Hoy como el resto del sector está muy venida a menos, hay arreglos en curso, veremos qué saldrá de eso.

En los sesenta del siglo XX, si bien los grandes fastos del centro habían pasado hacía rato, guardaba una cierta apariencia, un cierto aire de buen tono, todavía no tenía "la percha en el escote" ni estaba "descangallada", como dice el tango.

Por la calle Condell y Esmeralda paseaba un señor fachoso vestido excéntricamente, muchas veces enteramente de blanco, impecable siempre con sombrero y un perrito fino. Era Óscar Kirby, quien me impresionó mucho la primera vez que lo vi, tenía una extraña profesión, silbaba.

Se hacía llamar "la ocarina humana" y trabajaba en grandes naves de pasajeros, podía silbar largas melodías y de eso vivía. Le importaba un rábano la mirada de estupor de los porteños que solían vestir de gris o de café para pasar lo más desapercibidos posible. Su esposa no se quedaba atrás, se llamaba Flor del Lago.

La ubicación de la nueva morada de mis padres era estupenda, ya que podía recorrer a pies todo el plan, interrumpir los estudios nocturnos para ir a escuchar tango y tomar vino con papas fritas donde los hermanos Carbone en la subida Ecuador, para volver a estudiar en la medida de lo posible… o francamente irse de "picos pardos" al barrio El Puerto; al Scandinavian, donde todavía llegaban marinos cuyos barcos anclaban un par de días; al Cinzano, que quedaba en aquellos años en los bajos de la sede de las Juventudes Comunistas; a la peña de calle Blanco y cuando las finanzas andaban bien a cenar al Menzel. Todo quedaba a la redonda.

Todos los cines también estaban, como dicen en inglés, *to walking distance*, la Biblioteca Severin y también las librerías, porque en ese tiempo había librerías con libros en Valparaíso. La de Modesto Parera, hombre de cultura llegado en el Winnipeg, quedaba en los bajos del edificio de la Cooperativa Vitalicia en la plaza Aníbal Pinto.

En la misma plaza se juntaba en el Café Riquet el escritor de Playa Ancha Carlos León a tomar tecito con sus discípulos Agustín Squella y Héctor Soto.

Por el costado del Café Riquet estaba el Bar Alemán, sombrío y de mesas renegridas donde se tomaba shop con goma y a medianoche su dueño, un alemán anclado en Valparaíso, se subía a una mesa para dar su grito de guerra: "No hay pena que no se pase, ni puta que no case".

Todavía el borde costero estaba despejado y se podía pasear desde la Casa de Botes hasta el Barón.

La Casa de Botes era un clásico y ahí se bogaba los domingos en competencia. Como una reminiscencia, cada colonia tenía su club: los italianos La Canottieri Italiana, los ingleses el British Rowing Club, los alemanes el Club Neptuno, los españoles La Unión Española, también había un poderoso club Valparaíso y después apareció La Escuela Naval. Se bogaba en aguas movidas, y no era fácil.

A Viña iba más bien a pololear, al Cine Arte, al Rialto y a las temporadas de verano del Teatro Municipal. El festival de Viña no era lo mío, solo estuve una vez cuando en la Jota me pidieron que fuera a hablar una vez con Joan Manuel Serrat, quien fue gentil, creo que se trataba de una entrevista para la Revista Ramona.

Las casas de mis hermanas, en Playa Ancha, Recreo, Barón y Viña fueron un lugar de apoyo y regaloneo. Mis cuñados, todos buenas personas, tuvieron una paciencia infinita, pues llegaba a distintas horas y les pedía prestadas las citronetas.

Algunas veces cuidé a mis sobrinos y sobrinas, no sé con cuánto tino, pero todos sobrevivieron. Silvio, el marido de María Angélica, participaba poco de las conversaciones de sobremesa, más bien escuchaba, solo al final decía: "Para mí que son todos unos desgraciados, mejor tomemos un vinito".

Playa Ancha seguía muy presente, estudiábamos en la casa del Nono Bravo, después paseábamos conversando sobre Camus y el suicidio o íbamos al cine. El Nono era primo del Roly pero no se parecían en nada, era muy enamoradizo, dirigente estudiantil, miembro de la Jota desde niño, guitarreaba y era juerguero.

Su padre era más juerguero aún y tenía un oficio muy porteño: proveedor para los barcos. A veces le iba bien, tenía auto y la casa llena de aparatos domésticos; otras veces le iba mal y se llevaban los autos y los enseres domésticos. Su mamá también de izquierda, muy valiente durante la dictadura en la defensa de los derechos humanos, no lo pasaba bien con tanto cambio de suerte.

Fuimos amigos hasta su muerte hace pocos años. Fue un buen abogado penalista inteligente y lector, trabajó en la Vicaría en los años duros con mucho arrojo, después con los años se lo tragó la noche y sus últimos años fueron duros; murió con lo puesto, pero no solitario.

Una vez caminamos varios kilómetros en la noche después de un partido del Wanderers, llegamos a Laguna Verde a las tres de la mañana. Solíamos jugar "crapito", hoy no sé lo que es, pero así se llamaba ese juego de mesa que compartíamos con los dirigentes sindicales de la planta eléctrica.

Cuando nos echaban de la Posada nos invitaban a sus casas, donde, con un machismo sin límites que habría horrorizado a la Rosa Luxemburgo, la Clara Zetkin, la Kollontay y a la Inessa Armand, todas juntas, les pedían a sus esposas que prepararan una cazuela para los compañeros a las cuatro de la mañana; las ideas feministas ya existían pero no habían penetrado en la clase obrera. Nosotros, después de unos débiles reclamos, amparándonos en el liderazgo de la clase obrera caíamos sobre la cazuela.

En Playa Ancha íbamos por supuesto al fútbol. Se acercaba el año 68, el año de los *panzers*, del segundo campeonato ganado, seguido con el alma en un hilo de principio a fin, hasta el último partido en un programa doble en la tarde del 5 de enero de 1969. En esa ocasión Wanderers empató con Audax Italiano a tres goles por lado. Después jugaban Palestino y Universidad de Chile, si ganaba la Chile era campeón, pero empataron y los campeones fuimos nosotros.

Ese equipo nos gustaba mucho, era fuerte, luchador, resistente; era como el Puerto.

Por supuesto que el 68 fue importante en el mundo por otras cosas: la invasión soviética a Checoeslovaquia y el mayo francés, pero inmediatamente después de esos acontecimientos para nosotros estuvo el campeonato.

Valparaíso nuevamente se paralizó de alegría.

Los años universitarios fueron muy buenos, éramos muy jóvenes, teníamos ideales, combinábamos el estudio serio con la actividad estudiantil y política, teníamos amores tormentosos y serenos, pero no estábamos centrados en nosotros ni despreocupados del mundo; más bien todo lo contrario, nos sobró ideología y nos faltó algo de liviandad, sufrimos de adultez precoz.

Los años 69 y 70, los dos últimos años del gobierno de Frei Montalva, fueron años en que Valparaíso como todo el país vivió en un ininterrumpido debate político. No hubo tregua desde las elecciones parlamentarias del 69 hasta la elección presidencial de 1970.

Creo que esa politización llevó a un juicio injusto sobre el gobierno de Frei Montalva. La derecha lo detestaba por la Reforma Agraria y los sectores más ultristas lo llamaban el Kerensky chileno —Alexander Kerensky fue un político reformador que dirigió el gobierno provisional en Rusia antes de la revolución bolchevique de octubre de 1917—. En la izquierda y en sectores de su propio partido consideraban demasiado tímidas sus reformas.

Con los ojos de hoy se puede ver con más ecuanimidad el gobierno de Frei Montalva. Si bien el no pudo dar un salto más importante en materia de igualdad social, de crecimiento económico, de aumento del ahorro y saneamiento fiscal, fue claramente un gobierno reformador que ensanchó la inclusión social, generó una expansión de los beneficios sociales e hizo dialogar a Chile con un mundo que cambiaba.

Realizó cambios estructurales, removiendo la estructura productiva y social-agraria, fortaleció el rol asistencial del Estado a los sectores más marginados de las ciudades que en ese tiempo vivían en condiciones de extrema pobreza, amplió la cobertura educacional de sectores medios y bajos.

No logró sin embargo construir una mayoría amplia y permanente. Ni siquiera logró un fuerte apego entre los suyos, que fueron divergiendo del gobierno durante su periodo.

Cuando entré a la universidad, comencé a simpatizar con la corriente dominante entre los jóvenes demócratacristianos. Con ellos inicié mi actividad social y política, era el sector rebelde que controlaba la dirección de la Juventud Demócrata Cristiana, dirigidos por Rodrigo Ambrosio y Enrique Correa; allí se criticaba al gobierno por lento y conciliador, todos queríamos más.

Ese grupo daría origen pocos años después al Movimiento de Acción Popular Unitaria (MAPU). Pero yo, demasiado impaciente, ya me había vinculado a las Juventudes Comunistas, cuya acción, amplitud y composición social me parecían atractivas.

En cuanto a las ideas, estaba comenzando mi formación marxista leninista que hacía convivir, no sé cómo, con toda la formación plural que recibía en la universidad.

Nunca tuve una inclinación hacia las posiciones más radicales que representaba entonces el Movimiento de Izquierda Revolucionaria (MIR), y eran bastante extendidas en la Juventud Socialista.

Encontraba que la trasposición de la Revolución Cubana a la realidad chilena era forzada y que el discurso que planteaban ya en ese entonces algunos partidos comunistas de Europa, sobre todo el italiano, cuya experiencia comencé a estudiar con ahínco y natural cercanía cultural, se acercaba mucho más a lo que yo me imaginaba como una evolución pacífica hacia un socialismo cuyos perfiles, claro, eran muy difusos y difíciles de explicar, sobre todo cuando se seguía apoyando de manera acrítica a la Unión Soviética y se justificaban barbaridades como la invasión a Checoeslovaquia, practicando así una esquizofrenia política considerable.

Antes de mi compromiso político, a fines del primer año de universidad había abandonado mi fe religiosa. En verdad, fue un proceso largo, lento y sufrido, sobre todo por lo que significaba en mi entorno familiar. No fue una conversión súbita a un ateísmo militante y a quemar todo lo que había adorado; en verdad, fue algo paulatino y meditado con múltiples lecturas, conversaciones y largas reflexiones con sus respectivos insomnios.

En un momento llegué a la conclusión de que, si bien la ciencia y la filosofía no lograban explicarme sino muy parcialmente el misterio de la existencia, debía honestamente aceptar que la terrible lucidez de la conciencia humana que aspira a la búsqueda de un sentido de la vida y una explicación de la existencia no encontraba, en mi caso, una respuesta en la fe religiosa.

Debía entonces detenerme respetuosamente en las puertas del misterio, como dice Norberto Bobbio, y vivir sin esa respuesta, procurando darle un sentido positivo y altruista al breve discurrir de la vida, pero pensando que se trata de algo puramente terreno y que, una vez concluida, se apagará la conciencia y vendrá la nada.

Curiosamente, desde entonces mi interés sociológico, histórico y filosófico por la importancia del fenómeno religioso como expresión humana fue creciente y permanente, y mi relación con varias personas de una profunda fe ha sido y es muy estrecha.

Pero dejemos de lado este impromptu religioso, y volvamos la mirada hacia cómo vivíamos en Valparaíso al final de los años sesenta y los cambios políticos que se acercaban.

La izquierda aspiraba al poder y a llevar adelante un cambio revolucionario que se pretendía inédito en la historia del mundo, nada menos.

Pensábamos que se llegaría a una suerte de socialismo pluripartidista, con una economía mixta que poco a poco por la fuerza de las cosas se volvería social y colectiva. Pero eso se contradecía con las experiencias revolucionarias contemporáneas dado que ninguna era democrática, también se contradecía con el carácter no democrático del marxismo-leninismo, que era la doctrina compartida en la izquierda de aquellos años.

Tal doctrina consideraba necesario un período de dictadura del proletariado, la que debería extenderse por tiempo indeterminado hasta la extinción del Estado y la generación de una sociedad autorregulada. Dicho sea de paso eso, nunca tuvo lugar en la práctica histórica; las llamadas dictaduras del proletariado concluyeron solo para volver al capitalismo y a regímenes en general más o menos autoritarios.

Algo había de un pequeño revisionismo en nuestra vía chilena al socialismo, sobre todo a través de muchos silencios, pero eran variaciones sobre un mismo tema, demasiado tímidas para hacer creíble la idea de un futuro democrático.

Después del golpe, cuando esa línea histórica fue cambiada en el caso de los comunistas hacia el comienzo de los ochentas por una línea insurreccional, todo ese tímido revisionismo fue clausurado.

No sé exactamente cómo definir el pensamiento de lo que existe hoy en la izquierda radical, creo que es sobre todo una gran confusión con rasgos de populismo y teóricamente pobretona.

Aquellos que continúan definiéndose como marxistas-leninistas deberían hacerse cargo del contenido de esa definición, que excluye la vida democrática como valor permanente. Hacerse los bobos es una mezcla de engaño, ignorancia o frivolidad.

Eran tiempos aquellos de "inflación ideológica", en palabras del inolvidable sociólogo Norbert Lechner. La derecha, muy venida a menos, se reorganizó en el Partido Nacional, más autoritario y guerrero, tampoco con gran vocación democrática.

Hacia comienzos de 1970 se habían decantado propuestas globales y contrapuestas, el Estado de Compromiso llegaba a su fin.

La derecha levantó nuevamente la figura de Jorge Alessandri en una etapa bastante otoñal de su vida, con un programa en el que asomaban elementos de una mayor liberalización económica.

Tomic era un democratacristiano que propuso una alianza con la izquierda y como candidato presidencial de su partido era un hombre mucho más a la izquierda que Frei Montalva. Su programa no estaba muy lejos del que presentó Allende, pero no había espacio político para un entendimiento.

La izquierda se había ensanchado, con el disminuido pero todavía importante Partido Radical y el MAPU, que agregaba un cierto frescor a la izquierda histórica.

Se formó la Unidad Popular. Allende fue el candidato.

Por el momento la ultraizquierda se puso en sordina.

Como sabemos la Unidad Popular ganó por alguito más de un punto porcentual a Alessandri.

Después vino el asesinato del comandante en jefe del ejército, general René Schneider, por parte de un comando de la ultraderecha, y finalmente Allende fue ratificado, como lo indicaba la Constitución del año 1925, por el Congreso Pleno con los votos de la Democracia Cristiana, después de acordar las llamadas "garantías democráticas".

En Valparaíso se vivió todo aquello con pasión. No sé cómo combinamos un activismo feroz con aprobar el último año de estudios, pero lo logramos hacer.

En mi casa la tensión se cortaba con cuchillo, mi padre vivió muy mal la victoria de Allende y con mi madre, falsamente sumisa, celebrábamos cuando él se iba a acostar.

El rector de la Universidad Católica de Valparaíso, Raúl Allard, me ofreció quedarme como profesor con la perspectiva de continuar un posgrado en el exterior. Poco le importaba mi militancia.

Yo estaba encantado con esa perspectiva y pensaba apoyar al gobierno de Allende desde la universidad y, por supuesto, continuar viviendo en Valparaíso.

Todo ello se interrumpió bruscamente. En verdad había algo de ingenuidad en mis deseos, pues yo ya era miembro del comité central de las Juventudes Comunistas y, parafraseando la poesía de Rubén Darío, vino el cortejo y sonaron de lejos los claros clarines. En este caso sonó la voz de Gladys Marín, quien en la playa Las Salinas, donde paseábamos al dirigente italiano Giuletto Chiesa, después de que le contara mis planes, me dijo: "Estái más jetón, te irás a trabajar a la dirección a Santiago". En ese tiempo las cosas eran así.

Todo se precipitó: a comienzos de 1971 me había ido a vivir a Santiago, me había casado con mi primera esposa, Patricia Ramírez, y en noviembre de ese año nacería la primera de mis hijos, María Soledad. Ernesto lo haría en diciembre de 1972.

Pasé a ser miembro de la comisión ejecutiva de las JJ.CC., asesor político del vicepresidente de la Corporación de Reforma Agraria (Cora), David Baytelman y profesor de la Universidad Técnica del Estado. Tenía 23 años.

La sensación de esos años es de vértigo, de un trabajo constante, me convertí en un adulto a parte entera, las horas del día no alcanzaban para hacer mi trabajo, todo era urgente, dramático, decisivo.

Pronto comenzaron las dificultades, los logros se transformaron en confrontaciones, los desacuerdos entre los partidos en el gobierno eran profundos.

Estábamos ante una oposición implacable de una derecha que se sentía, no sin razón, atacada en su propia existencia económica y política. Las posibilidades de acuerdos con la Democracia Cristiana que existieron en un principio quedaron sin ningún espacio.

El marco de la Guerra Fría hacía de Chile una fortaleza en disputa en el ajedrez internacional. Los astros se conjugaron hacia la tragedia que finalmente sobrevino.

No imaginé cuando partí a Santiago que casi no vería a Valparaíso entre 1971 y 1989.

En marzo de 1973 me mandaron a Budapest a la Organización Mundial de las Juventudes Democráticas (organización juvenil comunista y de las izquierdas radicales), en la que ocupé la presidencia.

Traté de regresar después del golpe, me tomaron preso en Buenos Aires, me salvaron por un pelo, llegué nuevamente a Pudahuel en 1979 y me mandaron de vuelta.

Volví recién en junio de 1989 cuando ya había dejado el Partido Comunista por desacuerdos insuperables políticos e ideológicos, me había doctorado en Ciencias Políticas en la Universidad de París III la Sorbonne Nouvelle, había escrito mi primer libro publicado en España y era funcionario de Naciones Unidas.

Mi matrimonio había concluido y mis hijos por fin volvían a la tierra imaginaria de su infancia en el exilio.

No viví en Valparaíso en la época de la Unidad Popular y me fui cuando el ambiente estaba lleno de esperanza. Se nombraron autoridades muy respetadas y dialogantes como Sergio Vuskovic (como alcalde). En Viña del Mar, a Armando Barrientos, un hombre de carrera en la municipalidad.

Todo pintaba bien, pero, claro, el desarrollo político fue el mismo que en el resto del país. La polarización se llevó todo por delante.

Lo mismo sucedió en la universidad, donde las prácticas pluralistas existentes decayeron enormemente.

El golpe fue brutal y cruel en todas partes.

En Valparaíso, además de cruel, fue muy temprano. Fueron asesinados y desaparecieron otros amigos entrañables. Las torturas que amigos, compañeros y algunas amigas de la universidad recibieron en los buques fueron atroces. Ellos casi no hablan de eso, pero conocí muchos relatos de quienes sobrevivieron y llegaron al exilio. Creo que Valparaíso fue uno de los lugares más feroces en los primeros días.

La presencia de Valparaíso en los años de exilio fue una presencia dolorosa, la de la lejanía obligada de padres y hermanas, la de los amigos perdidos, y de una nostalgia ingrávida; cuando llegaban los exiliados la alegría del reencuentro se mezclaba con la amargura de las noticias.

Fue un largo intervalo, de casi veinte años, tiempo durante el cual solo supe de oídas lo que pasaba en el viejo Puerto.

Parte Tercera

VEINTE AÑOS DESPUÉS

1. El regreso

Algo de verdad contiene la frase "que veinte años no es nada", como dice el tango "Volver", de Carlos Gardel y su gran letrista Alfredo Le Pera, quienes murieron juntos, los pobres, en Medellín en un accidente aéreo en que ni siquiera iban volando; estaba tomando pista el avión cuando lo chocó otro avión. Quién sabe cuál piloto fue el despistado. Hoy sus restos descansan en el cementerio de La Chacarita.

Ese algo de verdad de los veinte años como nada o más bien casi nada, para ser realista, hay que buscarlo en la percepción de la velocidad del tiempo que uno no es capaz de asimilar, sobre todo cuando los años se acumulan y comienza a aparecer una contradicción entre un "yo" que se siente el mismo de siempre y la señora o el señor que ves en el espejo que te suena vagamente conocido pero mucho más destartalado.

Pero partir por veinte años es partir por un tiempo largo, pasan muchas cosas y las cosas cambian a veces para mejor y otras para peor. Hay cosas que nacen y cosas que mueren, hay cosas que tenían sentido y ahora por más que tratas de buscárselo lo perdieron, se transformaron en cascarones vacíos cuyo significado ya no existe.

Cuando me reinstalé en Chile, lo hice en Santiago donde estaba mi trabajo en la CEPAL, pero comencé a ir a Valparaíso cada vez que podía.

El Valparaíso que encontré en 1989 había tenido un viejazo importante, seguía siendo una ciudad pobre, lucía triste y deteriorada, venida a menos, apagada, dolía verla.

Chile creció económicamente solo en los últimos años de la dictadura, demasiado tarde para sacarle partido político; además, ese crecimiento estuvo acompañado de altos niveles de pobreza, en torno al 40% de la población con las mediciones de entonces y del 68% considerando la medición actual, y se había agrandado la brecha histórica de desigualdad de los ingresos al 0,58 del índice de Gini, en el que 0 es la igualdad absoluta y 1 es la desigualdad absoluta.

Al revés de otras ciudades donde se notaba algún progreso, en Valparaíso había pocas modernizaciones. Lo único inevitable de ver era la mole del Congreso, que se construyó pensando que el dictador ganaría el plebiscito y el Congreso funcionaría alejado del Ejecutivo, con poco poder, casi como un "alibí" de la prolongación autoritaria.

Su arquitectura, pesada, tiene un aire de familia con los monumentos arquitectónicos del fascismo y el estalinismo, pero en un orden más feíto.

Por de pronto, lucía absurdo en un Almendral desastrado frente a una feria pobre, rodeado de casonas desvencijadas que habían perdido la prestancia que alguna vez tuvieron.

Como los cálculos del dictador fueron malos y se impuso la democracia, tuvo que funcionar allí un Congreso de verdad, pero aun así la vida parlamentaria en términos urbanos ha significado poco para el Puerto.

Los parlamentarios, en parte por el carácter de sus funciones mientras están en Valparaíso, llevan un ritmo de internado, que no creo que sea el más sano, tienden a pasar demasiado tiempo en una nave espacial donde el universo se ve poco, se crea naturalmente un espíritu corporativo unido menos por los grandes temas nacionales y el reforzamiento de la convivencia democrática y más por los cálculos de parte, la *petite histoire*, y la caza al periodista para la cuña de la fama.

Prefieren salir apenas pueden de Valparaíso, y si no, se quedan en Viña o más al norte. Quizás no es culpa de ellos o a lo más solo en parte, pero lo real es que ni tan siquiera el barrio donde el edificio se sitúa ha mejorado en algo; por el contrario, urbanamente le ha ido harto mal.

Pero volvamos a las impresiones del regreso. Los terremotos e incendios, combinados con pocos recursos para reconstruir habían achatado la ciudad, los arreglos se habían hecho con materiales de mala calidad y peor estética, algunos edificios habían perdido el último piso y otros sus cúpulas, en las plazas lucían estatuas quebradas y pedestales vacíos donde otrora habían existido estatuas con algún valor, los lugares del borde costero donde antes transitaban los porteños habían sido cerrados.

La Intendencia se ubicaba en un edificio realizado con maldad estética, sin salvación, feo sin remedio.

El palacio clásico de la Intendencia lucía impecable, pero en manos de la Dirección de la Armada, lo que daba un aspecto simbólico de sumisión del poder civil al poder armado. ¿Cuándo ocurrirá el gesto de nuestra Marina de devolver ese edificio al poder civil?

Sería un notable gesto republicano que partiera de su propia convicción; la pregunta me consta que ha sido hecha, la respuesta hasta ahora ha sido un silencio embarazoso.

Ya no estaban algunas fábricas emblemáticas: Costa se trasladó a Nos en 1981, Hucke se mudó a Santiago en 1982, la refinería de azúcar quebró y cerró sus puertas en Viña del Mar. Nombro solo estas tres, pero fueron varias más las que desaparecieron del paisaje urbano.

En el año 1960 el producto interno bruto (PIB) de la región de Valparaíso constituía el 13,9 % del PIB chileno, en el año 1990 apenas el 10 %, pero dado que otras partes de la región estaban en mejor pie, seguramente, la ciudad de Valparaíso contribuía no poco a esa caída.

Había pocos edificios nuevos en el plan y los viejos estaban a mal traer, no habían recibido un mantenimiento adecuado, estaban desmejorados; algunos que antaño contaron con materiales nobles, como el mármol, estaban trizados, sus puertas semidestruidas, muchos convertidos en una suerte de conventillos verticales, otros habitados a medias.

El despoblamiento llevaba decenas de años, además de que durante muchos años no se crearon áreas verdes y estacionamientos que concordaran con la vida moderna.

No solo la burguesía había terminado de emigrar completamente, también las clases medias lo habían hecho.

La avenida Pedro Montt había perdido buena parte de sus negocios; por cierto, tiendas como la Sastrería Fernández, la Sastrería García Villela, la rosticería O Sole Mio de productos finos habían desaparecido; el Café Vienés en la calle Esmeralda ya no existía, el Café Riquet resistiría todavía un tiempo, el Café Hesperia al inicio de la calle Victoria había perdido su ambiente de café deportivo.

Cines quedaban cuatro: el Metro transformado en Hyatt; el Condell dedicado un tiempo a las películas porno, salvado después para la acción cultural; el Central, pequeñito que se había dedicado al porno ya desapareció. Las Galerías Prat perdieron todo *glamour*, lo mismo que el hotel homónimo y el teatro Velarde, creado en 1931 en la plaza O'Higgins, se salvó al ser transformado en teatro Municipal en 1996, pero ha contado con escaso presupuesto y triste programación.

Ya no se podían comprar flores en el Jardín Poupin y únicamente resistían heroicamente frente a la plaza Victoria el Bogarín y la pastelería Stefani.

La plaza Echaurren, el primer centro histórico de la ciudad, era frecuentada por indigentes en su gran mayoría, quienes recibían la ayuda del cura Pepo, entrañable sacerdote de los tiempos de la universidad.

Existía una suerte de fatalidad en la atmósfera, y como mis amigos ya no vivían en Valparaíso tuve la impresión de que vivir en Valparaíso era como vivir en un mal barrio inadecuado para profesionales.

Que apareciera en este Chile territorial y socialmente fragmentado una dirección del Puerto en tu currículum no te ayudaba para ser seleccionado positivamente en tu vida laboral. El Jardín del Mar o mejor Reñaca lucían mucho mejor.

Mi padre ya retirado se vestía con elegancia, todavía guardaba una invernal buena estampa a los 84 años y solía hacer algunas compras por el centro. Al volver de sus compras una vez me dijo: "Hico (nunca pudo pronunciar la jota), no sé lo que ha pasado, ya no conozco a nadie en Valparaíso". Claro, buena parte de sus conocidos ya habían muerto, y los sobrevivientes vivían hace rato en Viña o en Santiago.

La vida de puerto tendía a desaparecer, los contenedores hacían más rápida la carga y descarga además de ocupar el borde costero. Los buques se quedaban las horas estrictamente necesarias para las operaciones; todo el barrio del puerto era apenas una sombra de lo que había sido, el American Bar, sus bares y hasta sus burdeles de más prosapia tenían escasos clientes y tendían a desaparecer o a sobrevivir a duras penas.

Hasta lo que parecía inamovible, el Emporio de los Aste, enorme y repleto de mercadería, terminó quebrando veinte años más tarde.

Playa Ancha estaba como el resto. El estadio de Playa Ancha a mal traer, el Wanderers en segunda división.

Eliana Rahal, mi actual esposa, se aficionó a ese Valparaíso destartalado y me acompañaba en mis paseos melancólicos por los barrios a mal traer.

Fuimos a ver mi antigua casa en Vista Hermosa. Aguantaba por su fortaleza, pero hacía años que no había pasado una brocha por sus paredes, los balcones habían sido cubiertos con materiales hechizos para ganar espacio.

Eliana tocó el timbre y pidió que nos dejaran verla por dentro, a lo que sus nuevos habitantes muy gentilmente accedieron. Me emocionaron los espacios, ya que, como suele suceder, en mi memoria eran más amplios, pero el resto era un desastre. Todo lucía descuidado, solo reconocí un viejo paragüero. Todo lo que se podía afear se había afeado.

Ya no existía en el patio tampoco la glorieta con la virgen de Lourdes y Santa Bernardita donde se rezaba el mes de María, en ese ejercicio repetitivo en el que mi madre llevaba la voz cantante, muy seria, mirando al cielo con los ojos muy abiertos y casi en blanco. También participaba el Lucho Araya, una persona importante en mi primera infancia, era el joven de los mandados en los negocios de mi padre y vivía en una pieza construida arriba del garaje de las herramientas.

Mi madre lo quería mucho porque era muy piadoso. Yo andaba de pequeño a la siga de él, fue mi primer mentor.

Después se independizó y se hizo evangélico —lo que fue un duro golpe para mi madre— y creó una familia. Cuando regresé del exilio, ya estaba muy enfermo, pero pude expresarle mi recuerdo y afecto en sus últimos días.

Valparaíso era una ciudad herida, sin embargo tenía todo aquello que nadie le podía quitar: las escaleras, los callejones, las quebradas, la desmesura, los equilibrios imposibles de sus casas colgando.

Lo bello seguía siendo lo que había sobrevivido del siglo XIX y comienzos del siglo XX, aún en estado de ruina.

Pese a todo, soñaba con tener mi lugar en Playa Ancha. Eliana, a mediados de los años noventa vio un edificio en construcción en una callecita cercana a la avenida Gran Bretaña y dio el visto bueno. Nos compramos un departamento en un edificio hecho con buen gusto, arriba de los astilleros Asmar, sentí entonces que había realmente regresado.

Valparaíso decaía desde antes. Pero, ¿por qué esa caída se aceleró tanto? ¿Cómo nadie vio el patrimonio de la ciudad, su originalidad? ¿Tiene que ver con la ausencia de memoria, el culto a lo nuevo, al dinero nuevo? ¿O simplemente de un poder ignorantón, indiferente a la belleza?

Pareciera que las autoridades de ese período y no pocos del período democrático tenían de Valparaíso una percepción similar a la de los gatos que abundan en el Coliseo de Roma y en el Foro Romano. A ellos les gustan las piedras milenarias para tomar el sol y cazar ratones, pero no tienen conciencia que viven donde estuvo el corazón de la historia; les da lo mismo.

¿Cómo puede ser que en los noventa, cuando Chile creció mucho, lo que naturalmente generó una situación mejor para Valparaíso, su progreso siempre fue a la zaga de los avances del país, la disminución de la pobreza fue más lenta y nunca hubo una idea de ciudad?

Durante los tiempos de la dictadura los nombres de los alcaldes e intendentes se los llevó el viento. El que duró más tiempo fue Bartolucci, a quien lo recordaba vagamente desde la universidad y no sé mucho de su labor, pero recuerdo vagamente que en los años universitarios no parecía ser un lince.

2. Valparaíso en democracia

En los años noventa comencé a recorrerlo pero solo como observador. Mi rol de funcionario internacional me impedía participar u opinar sobre temas nacionales que de alguna manera pudieran ser considerados con contenido político.

Solo participé en actividades académicas en la Universidad Católica de Valparaíso.

En la Universidad de Valparaíso era rector Agustín Squella, jurista y filósofo del Derecho, por quien sentía y siento gran admiración. Me invitó a algunos seminarios y fue naciendo una fuerte amistad entre él, su mujer, Sylvia, Eliana y yo.

Pronto descubrí que teníamos intereses intelectuales comunes y también percepciones políticas cercanas, pero sobre todo compartíamos gustos y un sentido del humor parecido.

A poco andar, descubrí que el serio filósofo y moralista era también pelusa, un hípico de raza, pero que no miraba las carreras desde el lugar ocupado por los socios, sino con amigos que a Sylvia le hacían poca gracia.

A uno lo apodaban el "Vikingo" y otro era el ya fallecido "Que me hundo", quien había quedado lisiado cuando escapando se cayó de un segundo piso de la PDI porteña, ratero y bueno para el copete.

Buscaba a Agustín en la puerta del estadio de Playa Ancha para poder entrar. Agustín lo ayudaba tras la promesa de que no iba a carterear a nadie.

Hemos vivido muchos avatares como wanderinos, más tristes que alegres, pero quedémonos con el 2001 cuando salimos campeones y llegamos a ir a ver partidos en San Felipe y después en Buenos Aires.

Agustín confiesa que nunca ha dado un puñete, pero le gusta provocar a la hinchada del equipo rival y hemos pasado sustos en varias partes. En San Felipe nos libramos apenas o cuando en Playa Ancha le gritaba "Palitroque" nada menos que a Paredes. Menos mal que no había colocolinos cerca.

Su uso del lenguaje no siempre es apreciado por los mismos hinchas wanderinos. En 2001 teníamos un gran jugador que no era del todo agraciado, Jaime Riveros. Agustín lo admiraba mucho y cuando tomaba la pelota le gritaba "monstruo", dándole a la palabra su contenido semántico de fuera de lo normal. Un hincha sentado cerca estaba muy mosqueado, hasta que no aguantó más y le dijo: "Feíto será, pero puchas que es bueno pa' la pelota".

Otras exclamaciones como gritarle al árbitro "criminal de guerra nazi" deja a los hinchas un poco estupefactos.

En la Universidad Católica de Valparaíso fueron rectores Bernardo Donoso y Alfonso Muga, de los cuales guardaba gratos recuerdos de los tiempos universitarios, con ellos también colaboré en actividades académicas. En verdad, en la ahora Pontificia Universidad, que hoy dirige Claudio Elórtegui, me he sentido siempre como en casa.

Retomé mi relación con mis antiguos profesores, con mis compañeros de la Scuola Italiana; con algunos como Gilda Montedónico y Roberto Medina retomamos la amistad. También con algunos que pude encontrar del Eduardo de la Barra. A muchos los había dejado de ver por más de veinticinco años, nos reencontramos con los ex dirigentes comunistas que también habían dejado el Partido, como Luis Guastavino y Sergio Vuskovic, y retomé la relación con mis amigos de infancia y con quien había sido mi joven, paciente profesor y amigo para reforzarme las matemáticas cuando yo era niño, andaba en ese tiempo con el uniforme de los Sagrados Corazones, Juan Moncada.

En fin, poco a poco fui reconstruyendo un mundo que se había truncado abruptamente, fui reconociendo las "menestras" de los cerros y los restos de la bohemia.

Cuando volví al "Cinzano" también descubrí con asombro que algunos de los cantantes, que solía también escuchar cuando estudiante donde los hermanos Carbone, actuaban todavía allí.

Tuve la suerte de escuchar por muchos años todavía a Manuel Fuentealba y Carmen Corena, al primero con voz de tango y a Carmen Corena desde boleros al Chipi-Chipi.

Muchos lugares de la noche porteña ya habían desaparecido. El American Bar, el Checo, el Yako, La caverna del Diablo y el Manila, donde una vez a los 16 años quedé en blanco o en negro, toda una noche. Me desperté en la tarde del día siguiente, afortunadamente en mi casa.

Tampoco estaba el Rock and Roll, donde se armaban peleas entre cosacos y marineros navegantes, también con marinos norteamericanos en las operaciones Unitas. Entonces ahí llegaban los P.M. gringos y les daban duro.

Manuel Fuentealba era todo un símbolo, murió a los 88 años y cantó casi hasta el final; le gustaba que le pidieran tangos clásicos que no fueran los de siempre. En una ocasión Juan Carlos Tedesco, gran educador argentino y autor de una imponente obra y ex ministro de Educación, entrañable amigo que ya no está, pidió "Naranjo en flor". Fuentealba lo miró y le dijo: "El señor es un conocedor", para luego cantarlo con ganas.

Carmen Corena era todo un personaje, llegaba minutos antes de su actuación, con un vestido de señora que salió a hacer las compras, con sus anteojos pasados de moda, con el pelo ordenado y chalequito que a veces cambiaba por otro parecido pero con brillos, se echaba una "manito de gato" y después con una voz entonadísima hacía cantar a todos los parroquianos.

A ambos el Puerto los despidió con emoción y cariños.

Habían llegado otros a tomar la antorcha, pero entre los bárbaros de octubre de la plaza Aníbal Pinto y la pandemia el Cinzano ha cerrado sus puertas; es otro crimen, como lo fue el cierre del Riquet y el del Bar Inglés, al que ahora se le cayó la fachada. Son crímenes contra el hilo rojo que conecta la ciudad con su historia.

Se ha agregado a esos cierres el del Bar La Playa, entre Serrano y Cochrane. Son 113 años de existencia, llenos de recuerdos, lugar donde se filmaron películas aprovechando su mobiliario porteño, sus adornos abarrotados, su atmósfera plebeya y cosmopolita, y simplemente se cierra. Demasiada historia se está destruyendo.

El Hamburgo, restaurante de buena cocina y ornamentos bélicos y marinos, con foto de Pinochet y todo, propiedad de un alemán de alma nazi, también cerró sus puertas.

El Cinzano era además wanderino. Una noche nos pasamos horas con el dueño discutiendo los nombres de varias formaciones del Wanderers. El hombre sabía bastante, pero entre el 56 y el 68 yo era imbatible. No le gustó perder, pero los garzones estaban felices de que le hubiese ganado. Esa noche los platos fueron más abundantes y las copas más generosas.

Sin embargo no todo es oscuridad. En un mes de abril durísimo por los datos de la pandemia, cuando todo llama al desencanto, ha surgido una luz de esperanza respecto al Cinzano: la decisión de un emprendedor de restaurarlo y reabrirlo apenas se generen las condiciones sanitarias necesarias, con lo que se recuperarían 125 años de historia.

Si eso sucede será una muestra de la vitalidad que aún palpita en el Puerto y que puede tener seguidores en otros pedazos de su historia bohemia que por ahora han bajado la cortina.

¡*Dum spiro, spero*! (Mientras respiro, espero).

También en el mismo género de bohemia conversada encontré el J. Cruz en un callejón de la calle Condell que yo no conocía —no era extraño ya que se había creado en 1977—. Tiene un cierto encanto, con una decoración abigarrada y un público estudiantil, estaba siempre lleno, tiene unos cantores y la leyenda de que ahí se inventó la chorrillana: papas fritas, carne picada, huevos revueltos para evitar la densidad de borrachos por mesa.

Al callejón por el cual se llega se lo apoda "el callejón de los meados". Cuando estaba en la universidad había un restaurante al fondo de un callejón en Pedro Montt que se llamaba así.

Poco a poco me fui enterando de que hay muchos callejones estrechos, oscuros con un aire medieval donde se alivian los bebedores "rosa inmunda", nos repetiría Neruda. Ahora hay otro J. Cruz, pero el del callejón lo encontré cerrado.

Mucho de ello está detallado por Samuel León, merecidamente considerado "valparaisólogo", en su libro *La bohemia de medio siglo, la noche porteña 1959-1969*.

Me di cuenta de que curiosamente Viña del Mar iba perdiendo su rostro de balneario limpio y comenzaba a "porteñizarse", a volverse algo más plebeya y mal cuidada, lo que no le viene en absoluto.

La calle Valparaíso y la avenida Perú comenzaron a albergar un público más variopinto y popular, sus cines comenzaron, uno a uno, a cerrarse y los negocios tradicionales, a desaparecer.

Desapareció el Samoiedo, por ahora queda el teatro Municipal para la música clásica, el teatro, el festival de cine y el cine arte frente a la plaza Vergara.

El Club de Viña resiste, pero venido a menos y la Quinta Vergara está en pie con su bella arquitectura.

En Valparaíso, en el cerro Los Placeres, pero camino a Viña, ayuda mucho a la persistencia de un escenario cultural digno la Universidad Técnica Federico Santa María, inaugurada en 1931 en el lugar donde estaba el antiguo fuerte Pudeto. Su estilo Neogótico la asemeja a una universidad británica de verdad y su aula magna puede recibir cualquier espectáculo con extremo decoro.

Hoy Viña tiene más habitantes que Valparaíso, pero sus clases medias más solventes económicamente enrumban hacia Reñaca o Concón. Esto parece ser un sino de la combinación entre prosperidad económica y nomadismo entre los chilenos.

La burguesía santiaguina es nómade, pues abandonó sus barrios elegantes productos del salitre en el centro de Santiago y se fue, primero, a Providencia, después, a Las Condes y Vitacura; ahora va ya por Lo Barnechea. Si sigue subiendo hacia la cordillera terminará teniendo jaulas con cóndores y pumas en vez de gatos, dicen algunas malas lenguas.

¿Se imaginan a la burguesía de Nueva York abandonando la Quinta Avenida o el entorno del Central Park? ¿A la burguesía parisina dejando l'Île Saint-Louis, el sexto, el séptimo o el decimosexto *arrondissement*? Imposible, es una cultura urbana de otro tipo donde lo estéticamente bello no se transforma en viejo sino en antiguo y, por lo tanto, más deseable aún.

Pero los porteños y viñamarinos siguen el estilo santiaguino, no quieren ser menos y se alejan por la costa hacia el norte.

El Casino sigue bien parado, va más gente, sin duda, pero ha perdido su aire misterioso de cierta elegancia provinciana. Ahora juegan sobre todo en las máquinas señoras y señores en bermudas muy poco sentadoras, lucen sus piernas cortas y sobrepeso, mientras meten fichitas sin parar.

Valparaíso comenzó a tener durante los años noventa alcaldes elegidos democráticamente e intendentes nombrados por gobiernos democráticos. En Valparaíso fue elegido alcalde durante largo tiempo Hernán Pinto, desde 1990 hasta el 2004.

Durante los años 90 Valparaíso no avanzó lo esperado. Claro, ello no es solo responsabilidad del alcalde, tampoco de los intendentes de esos años, Juan Andueza, Hardy Knitel y Gabriel Aldoney.

Juan Andueza fue un político muy respetable y dedicado, a Gabriel Aldoney lo conocí desde muy joven y tenía las mismas características, los intendentes además tienen una responsabilidad más extendida, que abarca la región. Sin embargo, el avance de Chile en esos años y el aumento de recursos no se reflejó en el progreso de la ciudad.

Se mejoró, por supuesto, pero no lo suficiente, faltó un golpe de timón para hacer la diferencia, para impulsar un plan innovador que le diera más vida a la ciudad que cambiara el ritmo y el rostro. Quién sabe si de tantos años en continua caída, que se había hecho más abrupta durante la dictadura se había también producido una suerte de resignación casi inconsciente.

El alcalde Pinto era un personaje muy rollizo, risueño, astuto hasta la pillería, clientelar, duro, negociador; sin demasiados escrúpulos se construyó como un caudillo en el Puerto.

Sin duda, su punto de apoyo fundamental estaba en la cima de los cerros y hacia allá desarrollaba una acción asistencial dirigida a su base de votantes.

Su rol político declinó después de acusaciones relacionadas con su vida privada, y pese a que fue sobreseído por la justicia perdió buena parte de su apoyo. Se lo llevó el Covid-19 en julio del 2020.

Creo que no tenía una idea muy clara sobre el desarrollo de la ciudad, del cuidado del patrimonio, del valor estético de su anfiteatro, de cómo aprovechar sus potencialidades. Quizás la idea de un Valparaíso moderno era para él una ciudad más parecida a Viña del Mar, con edificios en el borde costero que pudieran retener a los sectores medios que la abandonaban.

Fue un hombre que tenía sensibilidad social, pero distaba de ser un buen administrador edilicio.

De todas maneras, en los años noventa Valparaíso avanzó. Así lo muestran los indicadores de disminución de la pobreza y de aumento de la escolaridad, pero siempre detrás de los avances del país.

El Wanderers tampoco era muy diferente, avanzaba y retrocedía, unos años en primera y otros en segunda división. Eliana me acompañaba con paciencia al estadio, pero se llevaba un libro para leer, era un poco humillante, pero debo reconocer que los partidos a veces se ponían muy aburridos.

Mi vida profesional en Naciones Unidas me hacía viajar a menudo, pero me permitía también recibir a muchos amigos que había hecho en mi vida nómade. Cuando venían a Chile, era un rito que conocieran el viejo Puerto, Playa Ancha y recorrieran Valparaíso.

Algunos ya lo conocían, ninguno encontró la ciudad muy limpia y próspera, pero a nadie decepcionó su belleza bajo el tizne y gustaban de su extravagancia.

Se reían de mi entusiasmo. Uno de ellos me puso el mote de "Cronista de la ciudad", lo que en México es un puesto burocrático.

3. La ocasión

La ocasión de dejar mi papel de puro espectador y poder hacer algo por Valparaíso llegó con la elección de Ricardo Lagos como Presidente de la República.

Desde que Lagos comenzó a jugar un rol decisivo en la construcción de una salida de la dictadura y de retomar el camino democrático a través de una vía que exigía mucho coraje, pero que desechaba la lucha armada, fui sintiéndome cada vez más identificado con su acción y con su pensamiento

Cuando nos conocimos, a mediados de los años ochenta, surgió naturalmente una buena relación que con los años se fue estrechando. Me parecía un hombre de Estado que encarnaba largamente aquello que los romanos llamaban virtudes republicanas.

Desde comienzo de los años noventa, y con mucho mayor intensidad desde el año 1994, comenzamos a dialogar sobre el sentido que debería tener una futura presidencia de su parte.

Se estableció primero una complicidad intelectual y política y después una relación de confianza y amistad. Durante los seis años que precedieron a su elección, nos reunimos una vez a la semana con un pequeño grupo, diseñando los objetivos centrales que tendría su eventual gobierno en caso de que fuera elegido. Todo ello y el recorrido de esos seis años de gobierno está relatado en mi libro *El segundo piso*.

Durante el período previo a la elección yo era el secretario de la comisión en la CEPAL, pero el resto del tiempo disponible lo dedicaba de manera muy discreta y lógicamente sin remuneración alguna, como se usaba en esos tiempos, a colaborar en la construcción de una idea estratégica de un eventual gobierno. Con algunos de ese grupo conformamos posteriormente la Unidad Estratégica de la Presidencia: Guillermo Campero, Javier Martínez y Carlos Vergara.

Todos éramos sociólogos, habíamos tenido una fuerte experiencia política en nuestra juventud, pero no estábamos en la carrera política; nos atraía más la vida intelectual.

Al igual que Ricardo Lagos, nuestra visión no era revolucionaria, habíamos conocido el mundo y las experiencias revolucionarias desde dentro, queríamos realizar transformaciones importantes y lograr mayores niveles de igualdad, extendiendo el bienestar social sin dejar a nadie atrás, reforzando la democracia y no arruinándola. Generar, en pocas palabras, transformaciones por una vía reformadora y gradual.

Finalmente es lo que hicimos, con equivocaciones, defectos y éxitos, pero finalmente con más aciertos que errores.

Fue durante esos años que murió la generación anterior en mi familia.

Mi padre falleció antes de que fuéramos gobierno, a los noventa años en 1995; estuvo bien hasta dos años antes de su muerte, murió en su cama rodeado de la familia. Mi madre murió a los noventa y seis años; en el año 2000 le plantó cara a la vida hasta el final, como era su costumbre. Salvo por cosas menores, estuvo lúcida hasta pocas horas antes de morir. La habíamos llevado a Santiago por razones de cuidado, pero echaba de menos el Puerto.

En verdad no estaba enferma y era autovalente, pero requería asistencia de una señora joven que la acompañaba en permanencia. A dicha señora mi hermana Mirella y mi cuñado Tito, ambos dentistas, le habían prometido arreglarle la dentadura, para lo cual debían arrancarle algunas muelas que ya no tenían vuelta, pero por su ritmo de trabajo se demoraban en hacerlo.

Un día en que mi madre quedó sola con ella le pidió que le trajera una cajita de metal de la cual nunca se desprendía. La cajita tenía unas pinzas dentales, que era el último instrumento que le quedaba, y unas cápsulas de vidrio que contenían anestesia, eran alemanas y muy antiguas, podían incluso haber sido de los tiempos del Tercer Reich, y una jeringa que también tenía sus buenos años.

Esas cosas las compraba en una tienda especializada que quedaba en la calle Blanco en Valparaíso y pertenecía a aquellos comercios elegantes especializados en "cosas importadas", de esos que existían en Valparaíso en sus buenos tiempos. Se llamaba La Codental. Me encantaba cuando niño acompañarla a esos espacios grandes, con sillones dentales y olor a limpio, a muy limpio, cosa difícil de encontrar hoy por hoy en la ciudad.

El asunto es que le sacó todas las muelas que tenía que sacarle y la dejó lista para tener su "placa", y sin darle mucha importancia, le dijo que se enjuagara con agua salada.

Mi hermana, cuando se enteró, entró en pánico, pensando qué hubiese sucedido si la paciente, o más bien la víctima, hubiera tenido una hemorragia.

Mi madre no se inmutó y le dijo que no fuera "asuntera", palabra muy común en su vocabulario. Le dijo que tenía todo previsto, por ello le había sacado las muelas al lado de una ventana (estaba en un décimo piso), para arrojarla al vacío en caso de desgracia. Por supuesto que todos nos obligamos a creer que esa era una broma, pero no lo dijo riéndose.

Murió pocos meses después. El día que iba a morir no se sentía bien, pero insistía en que no estaba enferma, que estaba vieja, tenía 96 años, y de vieja tenía que morirse.

En la noche, una doctora amiga nos dijo que estaba muy descompensada y que le quedaba poca vida.

Tuvo una larga conversación con mi tío cura, pero aun siendo muy católica sus palabras más bien detallaban aspectos concretos del fin de la existencia. Insistía, por ejemplo, en que la muerte viene de abajo hacia arriba, que uno comienza a morirse por lo pies.

Mis hermanas, todas muy religiosas, rezaban sin cesar. María Angélica, que había estado un corto tiempo interna en un colegio de monjas, para sorpresa de todos nosotros, comenzó a recitar unas largas jaculatorias en latín, con rostro iluminado, casi en trance.

Todos estábamos muy cerca de mi madre; ella de pronto me hizo un gesto con los ojos para que me acercara y me dijo al oído: "Sácame a estas locas de encima". Otra de mis hermanas le dijo: "Mamita, no te preocupes, te vas a encontrar con mi papito", a lo que ella respondió: "En estas te quisiera ver a ti", y después agregó: "No, si no es tan terrible morir así, rodeada de todos".

Cuando me acerqué a mojarle los labios me dijo que preferiría un whisky.

Así murió mi madre, con las botas puestas, tal como había vivido.

Dejó la vara muy alta para todos.

El día después de su entierro murió el marido de mi hermana mayor, Alex, un serbio entrañable que recaló en Valparaíso. Tuvimos dos funerales al hilo.

Falleció doña Marina Marín, la madre de Eliana, en nuestra casa en 1998 y poco después del 2000 mi tío Mario Ottone, querido personaje de mi infancia, quien parecía hosco, pero para su funeral la iglesia de los Salesianos en Las Cisternas rebasada de gente, su bicicleta estaba llena de flores y de fotos con la comunidad parroquial, fue algo sorprendente. La misa fue con toda la plana mayor de los Salesianos. Nunca imaginé que mi tío era tan querido.

Tanto mi madre como mi tío fueron muy generosos y valientes en tiempo de la dictadura, pues protegieron y ayudaron a personas; fueron calladamente solidarios y activos.

La vieja generación familiar se había ido, y si las cosas seguían un cierto orden seríamos los próximos en partir. Era el momento de hacer algo por Valparaíso, el tiempo se volvía un bien precioso.

No fue necesario argumentar demasiado para que el Presidente Lagos prestara una atención particular a Valparaíso. Él estaba convencido de que no era una ciudad más, sino que un patrimonio del país. Conocedor profundo de la historia, conocía bien el papel de Valparaíso en el pasado y su proceso de decadencia. Sabía también que el esfuerzo por revertir esa situación era de tal envergadura que no podía ser iniciado solo endógenamente, tenía que ser parte de un esfuerzo nacional.

Qué más podíamos pedir en el segundo piso donde éramos porteños o profundamente ligados al Puerto. Teníamos también una inestimable complicidad con Agustín Squella, quien había aceptado ser asesor de Cultura del Presidente.

Nos sentíamos con ganas y con fuerza para ayudar a lograr un éxito del período presidencial que comenzaba, pero mejorar Valparaíso tenía un lugar particular en nuestro corazón.

Cuando Lagos se refiere a Valparaíso en el segundo tomo de sus memorias, *Mi vida, gobernar para la democracia*, dice algunas frases que son claves para entender el esfuerzo realizado:

> Desde un principio vimos que la ciudad había perdido su brillo de antaño —cuando era la "perla del Pacífico"— y solo quedaban algunos destellos de la grandeza pasada. No era un problema de falta de recursos, ya que durante los gobiernos anteriores la ciudad recibió dineros fiscales para su desarrollo urbano pero que no fue muy efectivo.

Y más adelante agrega: "El puerto tenía su espíritu propio y debía expresarse a través de una renovación integral donde la cultura y su patrimonio fueran su eje principal".

4. El Plan Valparaíso

Se trazó un plan ambicioso que tenía la esperanza de ser continuado por las administraciones que seguirían, pues no podría ser realizado en un solo período.

Así, se llevó a cabo un estudio multidisciplinario, en el cual la pregunta principal era por qué Valparaíso no lograba despegar pese a los recursos destinados y sus avances eran apenas un pálido reflejo, casi inevitable, del avance rápido que vivía Chile en aquellos años, que lo tenía a la cabeza en América Latina en las tendencias de desarrollo económico y social.

Se realizó un estudio dirigido por Eugenio García, y su acertado diagnóstico fue que Valparaíso era como un camión que no podía moverse porque la inversión se concentraba en cambiar y cambiar neumáticos, arreglarle la carrocería, pintarlo o cambiarle los focos, pero nadie se preocupaba de echarle una mirada al motor, que era lo que no funcionaba, y era este el que requería ser cambiado por otro con una nueva potencia y que debía combinar capacidades nuevas y otras que se habían perdido en los recodos del tiempo.

La ciudad ya no podía ser definida solo como ciudad portuaria, o solo como una ciudad universitaria o como ciudad patrimonial; requería combinar todos esos componentes para levantarse como un todo.

Para poder salir de la inercia debía generar esperanzas, ilusiones, orgullo positivo, todas cosas que estaban adormiladas o se habían transformado en soberbia resentida.

Debía desarrollar políticas sociales particularmente dirigidas a los sectores más pobres, los que superaban la media nacional. Pero eso no bastaba, se requería crear fuentes laborales, viviendas que respetaran la armonía del anfiteatro; es decir, el interés de una inversión empresarial debía ser respetuoso del patrimonio.

Para ello había que impulsar acciones materiales e inmateriales que dieran forma a esa voluntad.

Ese fue el cometido del Plan Valparaíso, el cual dirigió Iván Valenzuela y que desde el gobierno coordinó una comisión interministerial a cargo de un ministro importante, José Miguel Insulza, ministro del Interior.

Mis tareas en La Moneda eran de otro tipo, tenían que ver con colaborar con el Presidente en el logro de los objetivos estratégicos que el gobierno se había trazado. Empero, no todo era pensar, pues la realidad se llenaba de encargos presidenciales también sobre cosas prácticas que aparecían en el día a día, fruto de aquello que Maquiavelo llama "la fortuna" del gobernante, que en lenguaje corriente muchas veces es la mala fortuna, los problemas, peligros puntuales o más extendidos.

En función de ellos debía actuar en temas varios, civiles, militares nacionales o internacionales, con discreción y lejos del mundanal ruido.

Todas esas tareas las definía el Presidente. Solo una le solicité yo y fue la de ayudar al seguimiento a los esfuerzos que el gobierno realizaría para mejorar la situación de Valparaíso.

Ello me llevó en un momento a visitar con casco y todo las obras del Merval o entrar al túnel más largo del Camino La Pólvora y tener que estudiar y conocer en detalle materias que nunca imaginé tratar.

La primera decisión fue darle a Valparaíso una centralidad clave, en un marco de poner fin a la fragmentación de las políticas culturales. El nuevo gobierno se proponía darles un gran impulso a las libertades y al reforzamiento de la vida democrática a través del desarrollo cultural.

La elección de Valparaíso como sede central del Consejo Nacional de la Cultura y las Artes fue una señal poderosa, difícil de digerir para el espíritu centralizador que nos recorre en exceso.

Después del gobierno Lagos se ha querido echar abajo en varias ocasiones, de manera a mi juicio injustificada, dicha decisión.

Tengo mucha cercanía con un ministro que tuvo que defender intensamente, como gato de espaldas, que ello no se llevara a cabo, mientras recibía embates externos que lo culpaban a él.

Afortunadamente logró resolver con éxito esos intentos, salvando así su honor porteño y wanderino.

El consejo se instaló en un edificio que posee valor arquitectónico; en verdad, es el exponente más valioso construido en Valparaíso relacionado con el movimiento de la Bauhaus.

Se construyó como sede del Correo entre los años 1936 y 1942 y cumplió su misión hasta el año 2001, cuando Correos y Telégrafos ya estaban siendo devorados por la revolución de las comunicaciones.

Desde el año 2002 comenzó a ser habilitado para sus nuevas funciones. A los porteños viejos si les preguntan dónde queda el Ministerio de las Culturas, la respuesta inmediata será que queda en el Correo, lo que seguramente dejará atónito al viajante o al turista.

Pero, ¿cómo evitarlo? De niño acompañaba a mi padre a ese edificio, con su *hall* noble y amplio, y lo seguía cuando él se acercaba a las cajitas de vidrio enmarcadas en bronce y abría una con una llave sacando las cartas del abuelo, su correspondencia y el *Corriere dello Sport*.

El proceso no fue fácil, nosotros ayudamos, pero Agustín Squella llevó la voz cantante y tuvo que conocer con espanto los meandros de la burocracia estatal. Y no solo del Ministerio de Educación, sino que también los de varias reparticiones; además de los melindres y particularismos de los parlamentarios, desde esquinazos folclóricos a negociaciones inesperadas y mezquinas de congresales muy encopetados, tanto partidarios del gobierno como de la oposición. Para ser justos, tuvo también gratas sorpresas. Finalmente lo logró.

Agustín posee una serenidad aparente, que esconde un carácter sanguíneo.

Volvía agotado a su oficina en La Moneda, donde muchas veces daba primero una vuelta por la mía, especialmente cuando estaba decepcionado: "Soy solo un hombre con un maletín", "apenas un profesor de provincia", se lamentaba, "no lo lograremos".

Fuera de la coquetería de sus expresiones hay algo de verdad en sus palabras, cuando veo cómo la prosperidad acumulada en nuestro país precisamente en gobiernos como el nuestro dio origen posteriormente a equipos de gobierno demasiado numerosos, con múltiples asesores y asistentes de los asesores excesivamente bien pagados, lo que explica un cierto disgusto ciudadano.

En nuestra experiencia muchas cosas fundamentales se lograron con pequeños equipos, convencidos y persistentes. Se realizaron así tareas grandes, ambiciosas y complejas para generar nuevas estructuras que fortalecieran a la ciudad.

La construcción del Camino La Pólvora, que estaba en el imaginario porteño desde fines del siglo XIX, era esencial para liberar a la ciudad del incesante tráfico de camiones y evitar la gran cantidad de contenedores en buena parte del borde costero.

Tampoco fue fácil llevarlo a cabo. Se trataba de una inversión directa del Estado y hubo más de un problema en su desarrollo, pues requería la construcción de puentes, viaductos y túneles para desembocar directamente en la zona portuaria.

Las empresas que ejecutan estas obras no son fáciles, son mañosas y siempre quieren sacarle una "alita al pollo". Afortunadamente tuvimos un gran inspector de obras que cuidaba las platas del fisco como si fueran suyas.

Aunque demoró algo más de la cuenta, el camino existe y cumple su función.

Los túneles atravesaron por dentro toda Playa Ancha. Mi cerro se portó a la altura, duro y rocalloso, fue un terreno ideal para ser perforado, por lo que no pudieron cobrar un peso más por dificultades debido al terreno.

Se logró después de mucho negociar que la empresa como regalo a la ciudad arreglara la hermosa avenida Altamirano, que estaba en estado desastroso. Además, se arreglaron varios miradores, el paseo Córdoba y el parque Rubén Darío.

Este último es un rincón de gran belleza frente al mar, al que pertenecía la escultura que encontraron hace algunos años en un jardín de un coleccionista rural, muy rumboso el hombre, pero distraído respecto de la procedencia de sus compras.

Desgraciadamente hoy el paseo Altamirano está nuevamente a mal traer. Sus miradores de madera rotos o arrancados de cuajo, sus asientos y protecciones del paseo rayados, quebrados, y muchos de los basureros destrozados.

Las gestiones municipales posteriores a su construcción aparecen como responsables inmediatos, aunque ellos alegan que no tienen recursos para hacerlo. Alguien podría decir que la culpa es de la pobreza y de la necesidad, sin duda que hay algo de eso, pero nunca he aceptado hacer sinónimo la pobreza con la barbarie y el robo.

Creo que es el paseo más bello de la zona; sin embargo, es un paseo socialmente segregado, como si no fuera parte del borde costero para buena parte de visitantes algo arribistas, que no gustan de compartir la belleza con los sectores populares.

En vez de ser un lugar de integración social cuidado entre todos termina convirtiéndose en un lugar descuidado, donde nadie se opone al desprecio por lo colectivo, existe indiferencia a la suciedad y culto al feísmo. ¿Qué hacer? No tengo respuesta, se requerirá de tiempo.

Otra gran obra de ese período fue el Merval y su cuarta etapa; el hundimiento del tren en Viña del Mar fue una obra mayor para el Gran Valparaíso, un avance mayúsculo. El terminal en Valparaíso con la estación transformada y el Hotel Ibis fueron un segundo ejemplo de las ventajas de la cooperación público-privada. Sigue siendo una obra central, que permitió cambios posteriores y un mejoramiento parcial, no traumático, del transporte.

Se creó, como parte del Plan Valparaíso, realizado por la Corfo, el Edificio Polo Tecnológico en Curauma, que dio buenos resultados. Se reabrió a tropezones el Museo Baburizza, la caleta Portales cambió completamente de rostro, tanto a través de sus obras marítimas como de obras en tierra.

El muelle Barón, de larga historia porteña, fue en el año 2002 transformado en un paseo peatonal, manteniendo como elemento fundamental dos de sus viejas grúas, también se creó el puerto deportivo y un lugar de eventos artísticos.

La vieja cárcel de Valparaíso, emplazada en un bello lugar del anfiteatro, se transformó en un centro cultural, que cuenta en su explanada una galería de exposiciones, un teatro moderno y un sitio arqueológico de fines de la época colonial.

Su construcción sobrepasó el período de gobierno y atravesó el primer gobierno de Michelle Bachelet, para ser inaugurado durante el primer gobierno de Sebastián Piñera. Se demoró más de lo planeado, pero valió la pena. El primer cuidador, cuando los trabajos comenzaron, era un exrecluso que conocía historias tristes de la vieja cárcel.

El rescate del borde costero fue un incordio desde el primer momento y ha provocado más enemistades que la clásica disputa entre los Capuletos y los Montescos en la vieja Verona.

Se lograron algunas realizaciones en el borde costero, sin embargo. El paseo del muelle Barón, el de la caleta Portales, el paseo Wheelwrigth, para peatones y ciclistas, que bordea el mar a lo largo de 1.700 metros y que se encuentra con viejos pedazos de la historia ferroviaria, como la Tornamesa y restos de la antigua estación Barón.

Pero la parte más compleja que contemplaba el Plan Valparaíso es el que tiene que ver con el borde costero que va desde el Barón al centro del Anfiteatro, el cual se topaba con la necesidad de extensión de la actividad portuaria. Otro tema espinudo era cómo ocupar la parte más ancha de la explanada del Almendral frente al mar.

Durante muchos años no pudieron conjugarse las diferentes visiones, unas más partidarias de lo lúdico y otras de la reactivación económica, lo que al no lograr un acuerdo virtuoso inmovilizó la actividad, ninguna propuesta logró un consenso equilibrado.

Finalmente, pareciera que llegó el momento de iniciar la construcción del parque Barón, definida por un concurso de proyectos y una consulta ciudadana hace un par de años.

Este proyecto, que será licitado, tendrá características de un paseo costero, juegos recreativos, espacios gastronómicos e integrará a la antigua bodega portuaria Simón Bolívar, declarada monumento nacional.

Ojalá pueda revitalizar el Almendral, barrio muy venido a menos, y logre la conjunción tan buscada entre esparcimiento y desarrollo. Sobre todo, ojalá no se convierta en un festival de rayados y desperdicios a poco andar.

El 2 de julio del año 2003, la Unesco en su sede en París nombró a Valparaíso Patrimonio de la Humanidad, lo que provocó una gran emoción, estallando en Valparaíso la alegría y un espíritu de fiesta.

Si bien el gobierno jugó un rol central en este logro, se coordinaron con éxito todos sus recursos para influir positivamente en ese nombramiento. También lo hicieron la municipalidad, las empresas púbicas, las universidades y las asociaciones culturales.

No fue fácil, porque si bien teníamos mucho que mostrar como patrimonio en los barrios históricos, ellos estaban mal tratados y descuidados.

Sin embargo, como me lo dijo una excolega de la Unesco, estaban convencidos de nuestra disposición a revertir las cosas. Eso nos ayudó.

Como suele decirse en nuestro país, "no sabían con la chichita que se estaban curando". Afortunadamente esa colega ya está jubilada de la Unesco, pues en diecisiete años no solo revertimos muy poco lo que había que cambiar, sino que en varios aspectos las cosas están peores. Ojalá la Unesco tenga una paciencia histórica con Valparaíso.

He relatado algunos pincelazos del esfuerzo que se hizo en aquellos años, sumándose a las políticas públicas generales, particularmente las sociales y de salud.

Ello a la vez impulsó y coincidió con una respuesta de privados que emprendieron actividades, alcanzando un vuelo que trascendió un tiempo el gobierno de Lagos, hasta que cayó inexorablemente.

Entre los esfuerzos privados notables que rodearon esos años está el edificio de Inacap frente a la caleta Portales, en el lugar en el que se encontraba antes el Matadero Municipal de Valparaíso.

Revivieron varios cerros que se fueron llenando de pequeños hoteles, tiendas, restaurantes y cafés. La partida la dieron el Cerro Alegre y el Concepción, pero después se alargó al cerro Bellavista, a la avenida Gran Bretaña en Playa Ancha, y también al cerro Cárcel.

Tratamos a través de varias medidas de recuperar el edificio Luis Cousiño, una construcción muy original entre la calle Blanco y Av. Errázuriz, a la altura del pasaje Ross, construido en 1889, que yacía abandonado. Los porteños lo llamaban "la ratonera" y sufrió varios incendios sospechosos. Pero siempre surgieron inconvenientes, a mí me quedó como una espina clavada de algo emblemático que no habíamos podido recuperar.

Afortunadamente el DUOC lo adquirió en 2011 para su centro de extensión, dedicándolo en parte a actividades culturales que sirven a la ciudad desde entonces.

En verdad el nombre es de fantasía, porque el viejo edificio levantado en terrenos que por siglos fueron del mar lo construyó un empresario que tenía un apellido menos vinoso, Luis Guevara Arias, para que funcionaran oficinas, y su nombre era el de "Crucero Guevara". En fin, el nombre no importa porque igual se le dice Cousiño. Lo importante es que está en pie.

Como en este caso, algunas ambiciones y otras ilusiones no pudimos llevarlas a cabo, por obstáculos burocráticos o por errores nuestros.

A muchas cosas se opuso la inercia, el clientelismo, las riñas entre reparticiones, la lucha por pequeños poderes y también, como en todo lo que hay recursos, surgieron abusos y mucho gato de campo; algunos terminaron presos.

Pero se hizo mucho. Y hoy ese impulso es poco valorado con el giro de la política en los últimos diez años, que tiende a devaluar todo lo realizado por quienes tuvieron responsabilidades en ese tiempo.

Francamente yo vi mucha dedicación y esfuerzo para producir cambios en la ciudad. Luis Guastavino y Aldo Cornejo, políticos serios y dedicados, fueron parte de ese impulso, también lo fue de alguna manera Pinto, pese a sus garrafales defectos de gestión; Jorge Castro y la oposición cumplían su rol, pero no los recuerdo como obstaculizadores odiosos, dieron su acuerdo en lo fundamental.

Tuvimos además la suerte inesperada de que el Wanderers saliera campeón el 2001. Quién sabe si tuvo algo que ver la atmósfera de esos tiempos. ¿Tendrá que ver la triste atmósfera actual con el misérrimo rendimiento del Wanderers? Creo que sería demasiada frescura plantearlo así; ese desastre es producto de una gestión desastrosa, imperdonable para un equipo tan querido por su ciudad.

Otras iniciativas tuvieron su momento de gloria, como el carnaval de Valparaíso, pero después decayó. Años más tarde, desde los barrios, surgieron "los mil tambores" cuyo sonido musical a mí no me emociona, pero tiene un fuerte atractivo para los jóvenes. Si la música no es buena, al menos el ejercicio es saludable. Lo malo parece ser que su masividad deja a la ciudad aún más sucia que de costumbre.

Durante ese período un grupo de académicos ligados a Valparaíso creamos el Foro de Valparaíso, cuyo bautizo fue en el recordado Bar Inglés, cerrado, vuelto a abrir y vuelto a cerrar, hoy con la fachada en el suelo, siempre en espera de un milagro.

El Foro se creó para impulsar una mirada cosmopolita de un Valparaíso que quería estar en el debate de ideas. Su actividad, apoyada por las universidades de la ciudad, continúa siendo importante y reconocida.

Después surgió la magnífica idea del Festival Puerto Ideas, que alcanzó una gran masividad y continuidad, trayendo personalidades de todo el mundo.

Son cosas que siguen en pie contra viento y marea, muchas veces a contracorriente y solo con puntuales ayudas de los gobiernos, dependiendo más bien de las personas que aprecian la potencialidad de Valparaíso.

El impulso institucional de los gobiernos sucesivos fue disminuyendo, primero a través de una cierta inercia hasta la inmovilidad, con algunos aciertos aislados sobre todo en el plano cultural. Entre ellos se debe considerar nuevas expresiones del muralismo y la calidad universalmente reconocida de la iniciativa Las Tesis, como expresión del movimiento feminista.

5. Desde mi balcón

El día del cambio de mando entre Lagos y Bachelet fue un día soleado, el mar lucía de un azul intenso y en el cielo había unas pocas nubes gorditas, blancas, que no portaban ninguna amenaza al buen tiempo.

Después de la breve ceremonia, se realizó un encuentro entre Lagos y quienes lo habíamos acompañado de cerca en su gobierno. Tuvo lugar en el cerro Cordillera, con una vista esplendorosa a la bahía en la casa de estilo colonial que construyó en 1843 John Mouat, un ingeniero de origen escocés aficionado a la astronomía.

La casona resultó tenaz y resistente frente a los diversos terremotos que tuvo que enfrentar, pero se fue agotando y los últimos sismos del 71 y del 85 lograron que se desplomaran algunos muros, pero afortunadamente fue restaurada y funciona como museo y un gran mirador. En 1963 fue nombrada monumento nacional.

Sin duda el lugar era adecuado para esa despedida, algo sencillo y cálido. Pocos días antes la Armada había organizado un desfile marítimo en reconocimiento al Presidente, quien había renovado en buena parte la escuadra que estaba con su capacidad disuasiva algo alicaída.

Yo estaba algo maltrecho, con un pie quebrado por no hacerle caso a Fernando Enrique Cardoso y Winston Churchill, que consideran que la buena salud depende del deporte, de no practicarlo en ninguna circunstancia ni por ningún motivo, sobre todo cuando van pasando los años.

Aunque maltrecho, estaba muy contento de que concluyera ese período de servicio público y pudiera volver a mis queridos libros.

El gobierno terminaba su período con una alta popularidad, los objetivos estratégicos que nos habíamos fijado estaban casi todos cumplidos, la economía había crecido ostensiblemente, reinaba una paz social hoy inimaginable y las cuentas estaban en orden. Lo más importante es que había disminuido la pobreza a buen ritmo y la brecha de desigualdad, si bien había disminuido menos de lo que hubiéramos querido, algo había bajado.

A la vez, se había avanzado mucho en el perfeccionamiento democrático y se habían dado pasos importantes en el crecimiento de las libertades.

Decir adiós en Valparaíso era congruente con el impulso dado a la ciudad en esos años.

Tal como lo habíamos repetido durante todo el gobierno, quienes conformábamos la unidad estratégica del "segundo piso", como le habían puesto los periodistas, volvíamos a nuestras actividades intelectuales, ninguno había pensado seguir en política; finalmente, muchos espíritus que desconfiaban de nuestras intenciones debieron creernos.

Regresé a la CEPAL como secretario ejecutivo adjunto, haciendo dupla con el secretario ejecutivo argentino José Luis Machinea, con quien forjamos una gran amistad.

Una vez concluido mi período en la CEPAL, pude dedicarme plenamente a mi vocación primera en la actividad académica. Han sido años muy fecundos de estudio, de escritura y de docencia, tanto en Chile en la Universidad Diego Portales y en la Universidad de Chile como en el exterior, sobre todo en Francia.

Debo confesar que no imaginaba que vendrían tiempos tan difíciles para el país y huracanados para Valparaíso.

Estudiando la historia de las ideas y siendo testigo de enormes cambios en las vidas de las sociedades, dejé de pensar ya hace tiempo que el camino de la historia es un proceso lineal, sistemático y predecible, y que las ciencias sociales nos permiten prever los sucesos del futuro.

No creo que exista un progreso permanente de las sociedades; el desarrollo histórico es veleidoso, cambiante, no obedece a leyes que lo determinan, a lo más podemos quizás entrever ciertas tendencias. Hegel tenía mucha razón cuando decía en su *Filosofía del Derecho*: "El búho de Minerva inicia su vuelo al caer el crepúsculo";

cuando el día ya ha transcurrido, el conocimiento, la reflexión sobre lo acontecido, su conceptualización vendrá siempre después de que los hechos hayan ocurrido.

Es verdad que la base tecnológica de las sociedades se desarrolla cada vez más, las ciencias escudriñan de manera más precisa la materia, la transforman, y los seres humanos tienen más instrumentos para vivir en condiciones de existencia más confortables, conociendo más profundamente su ser, el mundo y el universo que los rodea; si bien eso es así, ello no garantiza que la acumulación civilizatoria, ética, social, política y económica progrese al mismo ritmo.

La barbarie, la violencia, la guerra, el fanatismo, la intolerancia, la discriminación, la injusticia, la arbitrariedad, la opresión y la desigualdad están siempre a la vuelta de la esquina.

A períodos de avances civilizatorios pueden suceder períodos tormentosos, de decadencia moral, de formas de barbarie sobre bases tecnológicas avanzadas.

Cuando pensábamos que la forma de gobierno democrática tenía en América Latina, con todas sus inmensas imperfecciones, un camino prometedor por delante, han surgido formas variadas de autoritarismos y de populismos en boga de distinto signo político.

Cuando pensábamos que nuestros problemas eran los que surgirían del impacto que tendrían en sociedades todavía en desarrollo las nuevas revoluciones tecnológicas y científicas, como eran el darles buen uso y evitar impactos sociales negativos a la inteligencia artificial, la robótica, las neurociencias y las nanotecnologías, en ese momento una pandemia, un virus no muy diferente a los que acompañaron al mundo antiguo y el medioevo, nos encerró en el miedo y la paralización, cambió nuestras vidas.

Nuestra esperanza de una cierta normalidad está hoy atada a la eficiencia y masividad del proceso vacunatorio.

Cuando dejé la actividad pública pensé que lo logrado para Chile y para el mundo que parecía diseñarse era menos frágil, menos reversible de lo que terminó siendo, que las bases construidas con defectos y desequilibrios podían ser la plataforma para nuevas transformaciones que las mejorarían con serenidad.

Pero no ha sido así. Han sucedido situaciones rudas, algunas más destructivas que constructivas.

Tengo el convencimiento de que, sin dejar de ayudar desde la experiencia, es indispensable pasar la antorcha a quienes vienen después, a las nuevas generaciones, volviendo con naturalidad a ser un ciudadano más; en mi caso, continuar viviendo con los valores de austeridad y sobriedad con los que me formó mi hogar de familia inmigrante de Playa Ancha.

Desgraciadamente, las tendencias a una creciente desigualdad que ha marcado la economía mundial y un individualismo exacerbado que va más allá de una autónoma individuación han ido contaminando la acción política.

Ha crecido la desconfianza en la acción pública y también con razones válidas en el funcionamiento del sector privado y en otras instituciones de la República. Ello ha oscurecido el horizonte del país y el funcionamiento de la democracia, algo que resuena con más fuerza en una ciudad que pierde impulso como Valparaíso.

6. Cuesta abajo en la rodada

En 1934, un año antes de morir, Carlos Gardel creó la música y Alfredo Le Pera la letra del tango "Cuesta abajo", el que tuvo un éxito de inmediato, transformándose en un clásico más del gran cantante. Su letra se refiere a una mujer, a un amor perdido, a las ilusiones y las añoranzas de lo que fue, pero a nuestro Valparaíso le viene de perillas.

> "Ahora cuesta abajo en mi rodada
> Las ilusiones pasadas
> Ya no las puedo arrancar
> Sueño, con el pasado que añoro
> El tiempo viejo que lloro
> Y que nunca volverá"

Sería injusto decir que las administraciones que siguieron al gobierno de Lagos detuvieron los avances logrados en Valparaíso. Hubo no pocas cosas que cristalizaron incluso en los gobiernos posteriores, se realizaron esfuerzos para continuar lo iniciado pero no bastó, porque se perdió la centralidad de la ciudad como esfuerzo nacional.

Ello disminuyó la velocidad de las acciones y el momento cooperativo con la población porteña y las organizaciones que habían surgido en la sociedad civil, creció el inconformismo. Sin un liderazgo ordenador se desarrollaron visiones antagónicas e intereses particularistas

Valparaíso siguió sin embargo por un tiempo viviendo de esos impulsos, surgieron nuevas ideas, ofertas gastronómicas, un tipo de turismo más cultural y bohemio, llegó el tiempo de los cruceros.

Por un momento, en muchos jóvenes profesionales y estudiantes extranjeros nació un interés por Valparaíso. Se imaginaron un cierto estilo de vida urbano pero con un ritmo más humano, más de Kayros que de Cronos, original y amable. Se armó una cierta "onda porteña".

Las universidades de Valparaíso reforzaron un prestigio que ya tenían, y se vio posible que poniendo esfuerzos conjuntos se podía formar un polo de conocimientos que tuviera un impacto decisivo en Valparaíso.

Pero poco a poco muchas cosas comenzaron a tener más y más dificultades para realizarse, otras quedaron a medio camino, surgieron disputas entre el mundo portuario y el vecinal. Los compromisos respecto al cuidado patrimonial empezaron a desmoronarse, explotaron casos de malos manejos y de corrupción.

El Plan Valparaíso dejó de existir, la institucionalidad que debió retomar su misión no tenía el apoyo central necesario y el apoyo financiero del BID no alcanzó los resultados esperados.

La ciudad, como buena parte de Chile, fue golpeada por el terremoto de 2010.

Lo decisivo es que Valparaíso y su recuperación ya no se consideraban una tarea nacional, competía por los recursos como una ciudad más y, como ya sabemos, la urbe generaba pocos recursos. Incluso el estadio, que era municipal, lo había tenido que comprar el Estado.

No pocos profesionales que dedicaban sus esfuerzos con pasión a Valparaíso se fueron desilusionando y tomaron otros rumbos.

Esto coincidió con que Chile, como país, comenzó a caminar más lento, a crecer menos; la productividad empezó a estancarse cada vez más. Si bien los indicadores sociales siguieron mejorando lo hicieron a un ritmo más cansino.

Naturalmente, ello impactó en el clima social, muchas personas que ya habían salido de la pobreza, sin llegar a constituirse en capas medias propiamente tal, comenzaron a tener una precariedad peligrosa, y, si bien todavía veían el futuro mejor que el pasado, fueron perdiendo seguridad.

Quizás el último momento de confianza se vivió frente a la crisis mundial del 2008, ante la cual el acopio de reservas y la solidez fiscal acumulada por años permitieron al gobierno de Bachelet aliviar la caída del 2009 y tener una rápida recuperación en 2010. Fue el canto del cisne.

Pero la marea de las primeras protestas estudiantiles, la disolución del espíritu convergente en la Concertación y los escándalos de la vinculación entre dinero y política fueron mellando la confianza en las instituciones públicas. Además, los negociados de colusiones y pillerías en el mundo privado, los abusos en instituciones armadas y en instituciones espirituales acentuaron la desconfianza en la política como un todo.

Con la institucionalidad herida quedó servida la mesa para la antipolítica. El pensamiento complejo y serio fue reemplazado por la distinción simplista entre "élites" y "pueblo".

La diferencia que pensadores progresistas habían hecho entre el neoliberalismo de la dictadura y el liberalismo inclusivo de los gobiernos de la Concertación se perdió en el tsunami del ideologismo simplificador y rampante.

En 2013 el período de buenos precios de las materias primas que tanto había favorecido a América del Sur concluía, comenzaba un ciclo económico difícil.

Vinieron los gobiernos de Piñera y Bachelet de signos muy distintos. Los de Piñera eficientistas con poca eficiencia, sin carisma, más bien desangelados y con poco apoyo popular.

El segundo periodo de Bachelet trató de marcar diferencias con los gobiernos anteriores de su sector, ampliando su gobierno por la izquierda radical con una fuerte convicción de acelerar las reformas, pero con poca construcción de consenso y muy toscas terminaciones terminó también con poco apoyo.

No es que en estos gobiernos no se hicieran cosas positivas, se obtuvieron algunos logros, pero terminaron cada vez más nadando contra una corriente de desilusión y desconfianza.

Este proceso ha coincidido, sobre todo en los últimos diez años, con una pérdida del impulso que acumularon los gobiernos anteriores, lo que ha producido un proceso de declinación económica y social, que ha golpeado las expectativas de aquellos sectores que ven en peligro su llegada a la tierra prometida.

Se generaron así dos tipos de verdades. Por un lado, la verdad estadística, donde las cifras muestran importantes pasos de aumento del bienestar social durante el período de conducción democrática, y, por otro, una verdad sensible, emotiva, que se relaciona con nuevas aspiraciones que aparecen truncadas o ralentizadas. Así, cada situación singular se convierte en su propia vara, en su propio universo, también la mirada generacional que conlleva distintos tipos de escolaridad y aspiraciones es muy diferente para percibir los logros.

Las frustraciones crean una sensación de agobio, con lo que la vida urbana se hace amenazante, la vivienda insuficiente, la educación mediocre, el endeudamiento excesivo, los ingresos bajos y las pensiones muy bajas.

Ambas verdades coexisten, pero es la verdad perceptiva la que genera conductas y ansiedades.

En octubre de 2019, una situación política que ya era muy mediocre, estalló con una protesta social, en parte surgida de una espontaneidad multitudinaria y en parte de una acción de violencia extrema, de destrucción urbana, en la que han participado grupos extremistas, turbas oportunistas, sobre todo en el saqueo, y un mundo compuesto por barras bravas ligadas a la criminalidad y el narcotráfico.

Los indicadores serios, como señalamos, no permiten explicar el fenómeno, tampoco el camino histórico recorrido en los últimos treinta años. La consigna de "no son treinta pesos, sino treinta años" —la primera parte se refiere a la desatinada cantidad de la subida del precio del metro, lo que detonó la violencia— no se sostiene en pie, no responde a lo sucedido.

Pero en la percepción de muchos el estancamiento de la movilidad social, abusos, desconfianza, rabia por la segmentación urbana y el descreimiento en las instituciones condujo como resultado obligatorio a lo sucedido.

Solo la perspectiva del tiempo y del escenario global nos dará una respuesta más precisa a la atmósfera neblinosa que atravesamos.

El gobierno quedó estupefacto, sin conducción y sin respuesta, apenas sobreviviendo y no es posible que pueda mejorar mucho. Su tarea principal parece ser continuar existiendo.

Afortunadamente, los partidos políticos aporreados y todo, algunos por convicción y otros por miedo, lograron un acuerdo de salida institucional en torno a un proceso de cambio constitucional, en el que se depositó la esperanza de un nuevo impulso para reconstruir un mínimo de cohesión social y restablecer un camino de construcción democrática, pacífica y más igualitaria en el futuro.

En el plebiscito realizado para darle el vamos se produjo una aprobación atronadora. Su éxito aparece decisivo para poder conjugar una recuperación económica, social y política.

Las elecciones de convencionales realizadas a mediados de mayo del 2021 junto a las municipales y las elecciones de gobernadores provocó una fuerte conmoción política que cambió el cuadro, incluso de las próximas elecciones presidenciales.

Las fuerzas de centroderecha y de centroizquierda, si bien bajaron su votación moderadamente en las dos últimas (municipales y gobernadores), en las convencionales se desbarrancaron.

En esas elecciones aumentó más que en las anteriores la izquierda radical, pero sobre todo campearon quienes se presentaron como independientes y entre ellos la llamada Lista del Pueblo, la que compitió como independiente y logró una inesperada votación.

Este grupo no tiene otra historia que el 18 de octubre del 2019, es heterogéneo y lejano a la práctica institucional democrática, compuesto en su mayoría por los hijos del *boom* universitario, no tienen una unidad doctrinaria pero sí posiciones contrarias a los partidos y al denominado "sistema" como un todo.

Ello ha generado mucha incertidumbre y hará complejo, novedoso, laborioso e incierto el proceso de redacción de la propuesta del texto constitucional. Requerirá un enorme esfuerzo de diálogo y espíritu de compromiso, que pondrá en fuerte tensión el ejercicio.

Como si la incertidumbre política no bastara, Chile, al igual que el mundo entero, ha recibido el azote del Covid-19. El golpe ha sido fuerte.

La vieja compañera de la humanidad, la pandemia, todavía seguirá marcando nuestras vidas por un tiempo, no sabemos hasta cuándo.

Chile, que ya estaba debilitado en todos los planos, deberá hacer un gran esfuerzo para recuperarse y pasarán varios años para recobrar lo que habíamos logrado. Como han subido la pobreza y la desigualdad se requerirá un gran trabajo conjunto y conseguir una disminución del conflicto interno, para no caer como país en la mediocridad y la decadencia.

Solo si eso se logra podríamos salir bien parados, porque no todo el patrimonio civilizatorio ha desaparecido.

El gobierno, como en verdad todos los gobiernos en el mundo, ha caminado a tientas en el enfrentamiento a la pandemia, en base a ensayo y error; el proceso de vacunación va bien encaminado, parece por su eficiencia y tranquilidad como un oasis de mejores momentos.

Valparaíso ha vivido, por supuesto, todos estos avatares, en algunos aspectos de manera más dramática que el resto de Chile y sus retrocesos son, en consecuencia, mayores.

Ya en el 2014 había sufrido un catastrófico incendio que afectó la parte superior de varios cerros. La primera chispa parece haber sido llevada por el viento desde los bosques al otro lado del Camino La Pólvora.

Todo es más difícil en Valparaíso, incluso la acción de los bomberos, debido a su endemoniada topografía.

Las construcciones afectadas no eran todas de material ligero, pero todas ellas encarnaban mucho trabajo y sacrificio, que se desvaneció en el humo. Algunas estaban construidas en lugares en los que está prohibido, quebradas y pastizales, pero la necesidad tiene cara de hereje.

Es inútil insistir en la enormidad de la catástrofe, ha llevado años recuperar parcialmente lo perdido. Se movilizó mucho todo el Puerto y vino gente de otras ciudades a ayudar a los porteños.

El municipio, las fuerzas armadas y voluntarios de la sociedad civil, bomberos se la jugaron desde el primer momento. Hay un espíritu porteño que surge en las tragedias.

Una persona tiznada, sudada, agotada entrevistada frente a los restos de lo que había sido su casa decía: "Estoy bien, nos salvamos, salvé además a mi perro, mi gallo y mi canario. Vamos a tener, eso sí, que rehacer la casa".

En el año 2016 fue elegido alcalde el ex dirigente estudiantil Jorge Sharp. Votó poca gente en esa elección y la centroizquierda y la centroderecha cometieron todos los errores imaginables. Varias asociaciones ciudadanas como el pacto urbano La Matriz le dieron su apoyo.

Miré la experiencia con curiosidad más allá de sus concepciones políticas bastante toscas, quién sabe si su energía podría encaminarse a un compromiso fuerte con la ciudad, que resultara positiva.

Cuatro años después, difíciles de gestionar, sin duda, con estallido social y pandemia de por medio, el balance no es satisfactorio. Por supuesto, sería injusto culparle de todos los componentes de la caída de la ciudad. Muchos problemas lo preceden y otros obedecen a imponderables de la geografía porteña.

Lo innegable es que hoy Valparaíso está peor que en el 2016 y muchos problemas que deberían resolverse no se han resuelto o han tardado mucho en resolverse, particularmente en relación con el borde costero.

No ha existido la capacidad para un golpe de timón en el cuidado patrimonial, muchas veces criterios inflexibles han paralizado la inversión que la ciudad necesita.

Por supuesto que es necesario cuidar la singularidad de Valparaíso, pero no a costa de arruinarla. Un principismo vacío puede llevar a una inmovilidad negativa.

Todo indica que la cooperación con instancias regionales y nacionales no son fecundas, lo que uno ve en la calle sigue siendo suciedad y cada vez más vendedores ambulantes que parecieran venderse unos a otros las mismas baratijas.

Sin embargo en el marco político antes descrito el alcalde fue reelegido por una amplia mayoría, aun cuando la votación en la comuna no fue alta (40,14%), inferior al promedio nacional. En ese universo Sharp sacó el 56,37% de los votos, una amplia mayoría frente a varios contendores de bajo calibre.

Solo hay una causa que no parece estar en su origen: una evaluación rigurosa de lo realizado, pero el resultado se debe entender en medio de una ventolera política favorable que arrastró esa familia de hojas, en cercanías, clientelas, y por supuesto en más de un acierto que mi ojo porteño no alcanza a percibir.

Nuevamente espero que ahora sí haya un cambio de rumbo en favor de la ciudad. Si fuera creyente, me encomendaría sin pensarlo dos veces a San Expedito.

Veamos mientras tanto algunas cifras del Valparaíso actual que nos muestran cuán necesario es ese cambio.

Señalábamos anteriormente el fenómeno creciente de la despoblación de Valparaíso, en particular del plan y el barrio El Puerto.

De acuerdo al Reporte Atisba sobre el censo del 2017, la mayoría de los porteños viven en los cerros altos, lugares en los cuales reside el 47% de los habitantes, donde se agrupan construcciones de mala calidad, viven los sectores de menores ingresos y se sitúan los campamentos que han crecido mucho en los últimos años. De acuerdo a otro estudio de Atisba, el crecimiento de la superficie ocupada por campamentos ha sido de 37% en los últimos tres años.

Los cerros turísticos Alegre, Concepción Santo Domingo y Cordillera solo concentran el 12% de los habitantes, las otras concentraciones son Playa Ancha, con mayor cantidad de clases medias (constituye el 15% de población), y muy alejada de la ciudad histórica está Curauma-Placilla, que posee el 13%. En total, la población crece menos de la mitad del promedio nacional, y lo hace sobre todo en los lugares alejados del casco central.

Los cerros más dinámicos y de mejores ingresos han perdido sobre el 20% de su población.

La gente escapa de la mala conectividad y de la ausencia de un modelo de gestión razonable que combine preservación patrimonial, seguridad y mejores servicios.

La pobreza en Valparaíso es más elevada que el promedio nacional en alrededor del 5%.

De acuerdo a un estudio de la Universidad de Playa Ancha con la Pontificia Universidad Católica de Valparaíso, el 60% de los hogares de Valparaíso se sitúan en zonas de riesgo, por su nivel de pobreza, hacinamiento y precariedad de sus viviendas.

Como efecto de la crisis social y la pandemia los empleos en Valparaíso han caído 43% en alojamiento y comida, 22,3% en la construcción y 11,4% en comercio, de acuerdo al Ministerio del Trabajo.

La violencia provocada por el llamado estallido social, de acuerdo a otro estudio de Atisba, provocó la vandalización de casi un tercio del *stock* edificado de comercio y servicio; vale decir, 235.180 metros cuadrados, lo que afectó al 12% de la fuerza laboral de Valparaíso. Todo ello sin contar con la destrucción estética e histórica de la ciudad.

Finalmente y recurriendo nuevamente a Atisba, podemos señalar que cinco barrios de Valparaíso están expuestos de manera crítica al narcotráfico, los que reúnen una población de 13.000 personas (el 4% de la población). Son principalmente el barrio El Puerto, el Almendral y las poblaciones Montedónico, Puertas Negras y Edwards Bello. Todo ello marca un conjunto trágico y difícil de enfrentar, que requiere una intervención mayor.

La violencia iniciada en octubre de 2019 fue muy grande y, a juzgar por los rayados, con un contenido más anarquista que aquellos de la zona cero santiaguina.

A comienzos y a finales del año 2020 recorrimos con Eliana desde la plaza Sotomayor hasta la avenida Argentina, pasando por Prat, Blanco, Esmeralda, plaza Aníbal Pinto, avenida Brasil, Colón, calle Victoria, Pedro Montt, Condell y Bellavista. Después recorrimos el barrio El Puerto.

La ciudad está mal, algunas casas y negocios incendiados e irreconstruibles; rayada, rota. Aquí y allá se notan los esfuerzos de los vecinos para mejorar, a costa de pintura y colocación de vidrios.

La calle Condell es un desastre, aprieta el corazón. Grandes y pequeñas tiendas lucen heridas casi de muerte. Si bien nuestro cerro Playa Ancha está en bastante buen estado, salvo el pavimento, las subidas a otros cerros, como la de calle Ecuador, están en malas condiciones.

El nivel del daño es inexplicable, no tiene ni siquiera contenido de clase, pues muchas tiendas destruidas son modestas, sus dueños nunca han vivido en la abundancia.

No solo son acciones carentes de espíritu democrático, no hay tampoco racionalidad política.

¿Por qué destruir tu ciudad? ¿En nombre de qué?

Me producen fastidio las voces "buenistas", *les belles âmes* (las bellas almas), que justifican la barbarie, la destrucción, la violencia como un producto de la injusticia social.

Razonando así se puede llegar a justificar el femicidio por la pasión, los celos, el honor herido del varón, cosa que existió en legislaciones pasadas, como atenuantes de crímenes horribles.

Oponerme a la injusticia social ha sido un hilo conductor que me ha acompañado desde mi juventud. La vida me enseñó que tal oposición debe conjugar combatir la desigualdad con combatir el atropello a la libertad individual; que cuando no se lucha por ambas se termina en una pesadilla autoritaria.

Solo a través de un camino difícil, gradual que combine la historia, la reflexividad y las aspiraciones de los habitantes reales, esos que cada día trabajan duro para parar la olla, podrá recuperarse un Valparaíso más próspero, protegido y justo.

7. El Hilo de Ariadna

Recorriendo la ciudad me quedó claro el desencanto de tantos porteños, la desesperanza, la idea de que ya las cosas no tienen arreglo.

No es una idea inverosímil. La historia de la humanidad nos habla de muchas ciudades que fueron importantes, incluso que estuvieron en el centro del mundo de su tiempo, y que producto de guerras, invasiones, pestes y catástrofes naturales o económicas desaparecieron, se convirtieron primero en pueblos fantasmas y después solo en ruinas.

De la misma manera, otras que pasaron pruebas terribles se reconstruyeron adecuándose a nuevas realidades, encontrando nuevas razones para continuar existiendo. Algunas quedaron bajo toneladas de bombas y hoy son lugares florecientes, codiciados y visitados.

Valparaíso está mal, muy mal, pero no está necesariamente moribunda y destinada a una tugurización interminable e inevitable. Está todavía a tiempo para reaccionar y para ello se requiere la voluntad de los porteños, pero no solo eso, también la voluntad de los chilenos.

Valparaíso es y será una ciudad cuya existencia requiere de muchos cuidados, pues su locura topográfica no es gratis, su originalidad patrimonial tampoco. No es, hoy por hoy, una ciudad autovalente.

Necesita que Chile aun en tiempos difíciles como los actuales la ayude a recuperarse, pero poco puede hacer el país en su conjunto si los porteños no buscamos juntos un acuerdo, si no nos planteamos prioridades, si no hacemos un esfuerzo por salir de la mala hiel y evitamos refugiarnos en un decadentismo conservador y resentido, el cual nos hace refocilarnos en nuestro malestar y mostrarnos indiferentes al deterioro.

Si en nombre de un inmovilismo mediocre arropado con la defensa de todo lo existente, tanto de lo que es realmente valioso como equivocadamente de aquello que es pura postración, y nos oponemos a toda inversión urbana que conlleve mayor desarrollo y bienestar, no seremos capaces de proteger y mantener el patrimonio cultural. Tan solo terminaremos por vivir entre despojos malolientes, porque ni tan siquiera seremos una ciudad museo.

"Cómo me gustaría ser cónsul de Chile en Valparaíso", decía Joaquín Edwards Bello.

Esas son palabras que nos obligan a mantener un hilo de esperanza en el futuro del viejo Puerto.

Por ello, en vez de cubrirme con la mortaja del pesimismo, prefiero remontarme al mito del hilo de Ariadna.

Nada era más difícil que la misión que le había dado su padre, el rey Egeo, a Teseo: entrar al laberinto del Minotauro, monstruo con cabeza de toro y cuerpo de hombre al que cada siete años se le entregaban catorce jóvenes, siete muchachas y siete muchachos, a quienes devoraba, pues no podían escapar del laberinto.

Ariadna, enamorada de Teseo, le entregó un ovillo de hilo de oro que le permitiría encontrar la salida. Nuestro valiente Teseo ayudado por la astuta Ariadna mató al monstruo y sacó a los jóvenes de esa pesadilla.

Debemos entonces encontrar nuestro hilo de Ariadna que nos permita derrotar a los muchos monstruos que tienen abrumado a nuestro Valparaíso.

Parecería en ocasiones que estamos cerca del abismo, pero en vez de bajar las manos escuchemos la espléndida esperanza de la joven escritora italiana Alessandra Coppola, cuando dice "…y después, al improviso, sin saber cómo ni por qué, nos levantamos".

Agradecimientos

Quisiera agradecer, en primer lugar, a Editorial Catalonia por la generosa acogida en la publicación de este libro, particularmente entrañable para el autor. A su director general, Arturo Infante, que mostró desde el primer momento una comprensión muy fuerte de su temática y de su forma poco ortodoxa, que mezcla historia, recuerdos vividos y presente.

A los cronistas y escritores, muchos de ellos aludidos, que son parte de la construcción de la memoria del viejo Puerto y en quienes me he apoyado.

A Iván Poduje, a quien debo mucha información sobre la ciudad de hoy.

Agradezco a mis amigos de siempre que lo leyeron y me aconsejaron en su redacción. A Eliana Rahal, mi esposa, quien no solo escuchó cada capítulo con oído atento, severo y alentador, sino que además transcribió el texto de mi manuscrito.

Agradezco con mucha sinceridad la excelente edición de Hugo Rojas Miño, por su alto profesionalismo.

APÉNDICE FOTOGRÁFICO

Plaza Justicia con el ascensor El Peral, entonces funcionando, en un Valparaíso ajetreado.

La Plaza Victoria en su esplendor, en torno a los años treinta; al fondo la hoy desaparecida parroquia del Espíritu Santo, que resistió muchos derrumbes y reconstrucciones, pero que entregó el alma en 1972.

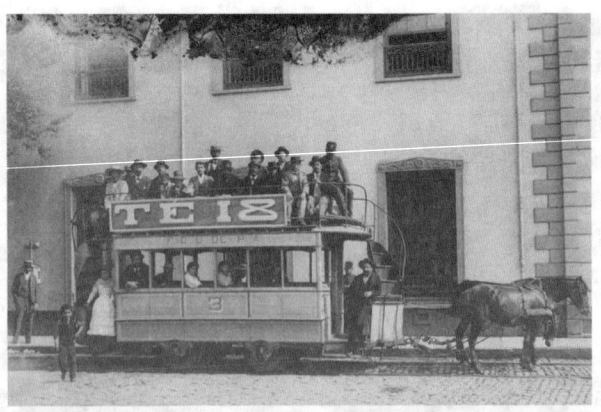

Foto superior: Los tranvías a tracción animal, llamados carros de sangre, como tantas cosas, fueron pioneros en Sudamérica. Inaugurados en 1863, su primera línea recorría desde el Barón hasta la Aduana.

Foto del medio: Los burros y burreros jugaban un rol muy importante para subir las mercaderías a los cerros. Valparaíso le debe un monumento al burro.

Foto inferior: Las carrozas fúnebres eran muy impresionantes. Los deudos las seguían a pie, los bomberos en cambio hacían los funerales de noche con antorchas.

Espacio mágico de Playa Ancha: Parque Alejo Barrios, el estadio de Playa Ancha donde jugaba Wanderers y los porteños sufríamos y gozábamos y el Velódromo, hoy inexistente.

La caleta pesquera El Membrillo, a los pies de Playa Ancha, a fines del siglo XIX.

Cine Rivoli, en la calle Victoria construido en los años veinte. Fue un cine elegante de la calle Victoria. Hoy queda la fachada y dentro un mercado persa.

Cine Condell en la calle homónima, en los años sesenta, cuando todavía esa calle mantenía una cierta elegancia como espacio comercial.

Teatro Victoria en los años sesenta, heredero de los grandes teatros del siglo XIX en Valparaíso. Ahí vi por primera vez "La Pérgola de las flores". Al lado el teatro Imperio, que también tenía lo suyo.

El Bar Cinzano fue por décadas la catedral de la noche porteña, del tango, del bolero, bastión Wanderino y de las chorrillanas.

Playa "Las torpederas", a los pies de Playa Ancha, la mejor playa de la región.

Frontis del liceo Eduardo de la Barra en los años sesenta, el gran liceo histórico de Valparaíso.

Foto superior: Primera infancia del autor. Contento con la pelota de fútbol que le queda grande, en la casa de calle Vista Hermosa de Playa Ancha.
Foto del medio: Asustado arriba de un caballo en la Coduc.
Foto inferior: Cumpliendo con el retrato. Chaleco enviado desde Italia por su abuela.

El jardín infantil de la señorita Consuelo. Éramos pocos, pero pelusas.

Todo indica que este es el tío que invitó a venirse a Chile a mi padre. Es muy parecido a mi abuelo, pero yo nunca lo vi.

Mi papá me entrega un diploma en la Escuela Italiana de Valparaíso, seguramente por buen rendimiento en ramos de letras, porque en todo el resto era menos que reguleque.

Ya como cadete de la Escuela Militar, foto de Estudio en Valparaíso "Yáñez o Miller". Perdonen por lo posero.

Baile en la Escuela Militar con María Angélica González, amigos desde la infancia.

Ya embarcados para el viaje a Italia con mi hermana Mirella, Jaime Iturra y otro amigo.

Regreso del exilio abrazando a mi padre.

Con mis padres y mis hermanas, juntos nuevamente.

Nombramiento de Ciudadano Ilustre de Valparaíso, en 2006, con Aldo Cornejo, el muralista Guillermo Valdivia, Roberto Ampuero, Volodia Teitelboim y Juan Estanislao Pérez.

Wanderers campeón 2001. Alguien le pidió al presidente Lagos que recibiera al equipo en La Moneda y conversa con el "peineta" Garcés, director técnico del equipo campeón.

Revista Naval el 27 de enero de 2006, en homenaje al proceso de modernización y renovación impulsado por el presidente Lagos. Yo, echando el pelo con Osvaldo Puccio, y a mi otro lado, una gran figura porteña, Luis Guastavino.

En Valparaíso, al final del gobierno Lagos, haciendo una revisión de lo alcanzado con el Plan Valparaíso, junto a Iván Valenzuela.